新时代新理念职业教育教材
“互联网+”新形态立体化教学资源特色教材

# 钢轨超声探伤实训

姜雄基　郭云啸　主编



北京交通大学出版社
· 北京 ·

## 内 容 简 介

本书是针对钢轨探伤相关实训课程开发的配套教材。全书设置 3 个部分，共 24 个实训项目，涵盖了钢轨探伤基础、钢轨母材探伤、伤损定量与焊缝探伤等内容。

本书可作为相关专业学生的教材或参考书使用，也可供广大钢轨探伤学习者和从业人员阅读。



**图书在版编目（CIP）数据**

钢轨超声探伤实训 / 姜雄基，郭云啸主编. —北京：北京交通大学出版社，2024.5
ISBN 978-7-5121-5251-9

Ⅰ. ① 钢… Ⅱ. ① 姜… ② 郭… Ⅲ. ① 钢轨–超声检验–探伤–高等学校–教材 Ⅳ. ① U213.4

中国国家版本馆 CIP 数据核字（2024）第 106947 号

**钢轨超声探伤实训**
GANGGUI CHAOSHENG TANSHANG SHIXUN

责任编辑：黎 丹
出版发行：北京交通大学出版社　　电话：010-51686414　　http://www.bjtup.com.cn
地　　址：北京市海淀区高梁桥斜街 44 号　　邮编：100044
印 刷 者：艺堂印刷（天津）有限公司
经　　销：全国新华书店
开　　本：185 mm×260 mm　　印张：12.75　　字数：312 千字
版 印 次：2024 年 5 月第 1 版　　2024 年 5 月第 1 次印刷
印　　数：1～2 000 册　　定价：49.00 元

本书如有质量问题，请向北京交通大学出版社质监组反映。对您的意见和批评，我们表示欢迎和感谢。
投诉电话：010-51686043，51686008；传真：010-62225406；E-mail：press@bjtu.edu.cn。

# 前　言

2021 年，教育部印发《“十四五”职业教育规划教材建设实施方案》，明确提出统筹建设意识形态属性强的课程教材，开发服务国家战略和民生需求紧缺领域专业教材，加快建设新形态教材。《钢轨超声探伤实训》一书主要针对铁路技术缺口——无损检测领域的钢轨超声探伤实训课程编写。

全书设置 3 个部分，共 24 个实训项目，实训项目 1～10 是应用模拟式超声波探伤仪进行的钢轨探伤基础实训，实训项目 11～17 是应用手推式钢轨探伤小车发现钢轨母材伤损的相关实训，实训项目 18～24 是应用小型数字探伤设备进行伤损定量与焊缝探伤的相关实训。现代钢轨探伤所应用的设备种类较多，本书的钢轨探伤基础部分主要以 CTS-22 型模拟式探伤仪为例，钢轨母材探伤部分主要以 GCT-8C 钢轨探伤仪为例，伤损定量与探伤主要以 CTS-9003 通用数字探伤仪为例。数字仪器的基本原理是相通的，在使用不同仪器时，只是按键有所不同，稍微变通即可。

本书具有以下特色。

（1）本书内容源于企业需求，并密切联系现场实际，通过校企合作开发，为实训教学提供了详细的指导、完善的标准。

（2）本书以学生为中心，采用活页式装订，便于携带、学习和填写。

（3）本书配有数字化资源，并融入课程思政内容，以国家职业标准为依据、综合职业能力培养为目标、典型工作任务为载体，将理论学习与实践学习相结合。

本书由辽宁铁道职业技术学院姜雄基、郭云啸担任主编，第一部分由辽宁铁道职业技术学院姜雄基（实训项目 1～7）、李坤（实训项目 8～10）编写；第二部分由辽宁铁道职业技术学院郭云啸（实训项目 11～17）编写；第三部分由辽宁铁道职业技术学院李坤（实训项目 18、20）、张振雷（实训项目 19）及中国铁路沈阳局集团有限公司锦州工务段程雷（实训项目 21）、杨旭（实训项目 22）、吴庆南（实训项目 23）、唱剑（实训项目 24）编写。全书由郭云啸统稿。在本书编写过程中，编者参考了大量相关优秀教材和著作，在此向有关编著者表示真挚的谢意。

由于编者水平有限、时间仓促，书中疏漏、不足之处在所难免，恳请读者批评指正。

编　者

2024 年 4 月

# 目　录

# 第一部分

# 钢轨探伤基础

## 实训项目 1　认识模拟式超声波探伤仪

### 知识概要

模拟式超声波探伤仪问世较早，其内部使用电信号模拟自然界的实际信号，因而称为“模拟式”。模拟式超声波探伤仪的工作原理直观，界面简单易懂，常作为超声波探伤基础学习之用，同时也可作为无损检测人员资格考核鉴定用的标准化仪器。

CTS-22 型仪器是一种灵敏度高、分辨力好、功耗低、体积小、使用方便、稳定可靠的便携式超声波探伤仪，可用于各种钢板焊缝及锻件探伤。本部分主要用 CTS-22 型仪器进行实验。

本项目主要介绍 CTS-22 型仪器的界面和旋钮功能，并进行将始波调整到 0 刻度附近的操作练习。

### 学习目标

（1）了解 CTS-22 型仪器的界面分布。

（2）掌握 CTS-22 型仪器的旋钮功能。

（3）能够找到始波并调整至 0 刻度附近。

### 基础知识

#### 1. 仪器界面

CTS-22 型仪器界面分为左、中、右 3 部分，左侧面板旋钮主要通过调整灵敏度控制回波高度（纵向参数），中间为带有定位游标的显示屏，右侧面板旋钮主要通过调整探测范围控制回波位置和宽度（横向参数）。CTS-22 型仪器实物如图 1-1 所示。

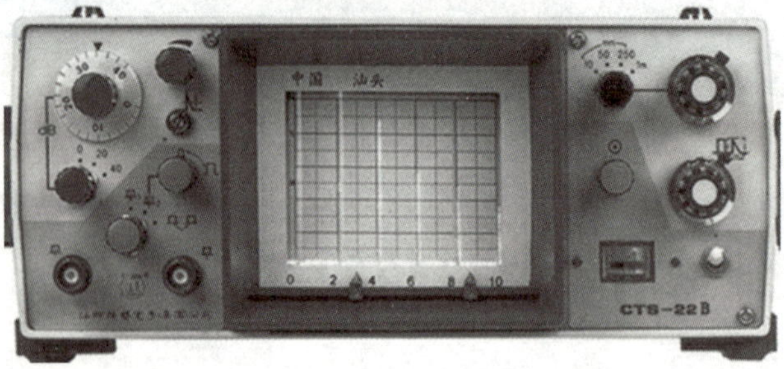


图 1-1　CTS-22 型仪器实物

### 2. 旋钮功能

CTS-22 型仪器界面如图 1-2 所示。

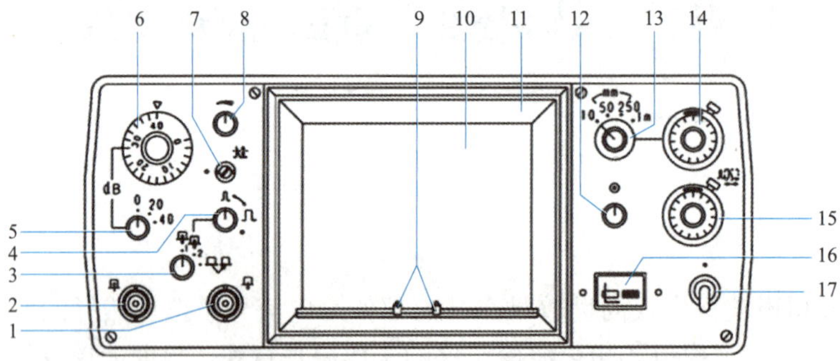


1—“发”插座；2—“收”插座；3—工作方式选择旋钮；4—发射强度旋钮；5—衰减器粗调旋钮；6—衰减器细调旋钮；7—抑制旋钮；8—增益旋钮；9—定位游标；10—显示屏；11—遮光罩；12—调焦旋钮；13—扫描粗调旋钮；14—扫描细调旋钮；15—水平位移旋钮；16—电源电压指示器；17—电源开关。

图 1-2　CTS-22 型仪器界面

#### 1）灵敏度调节旋钮

仪器灵敏度是指仪器输出功率的大小，输出功率越大，灵敏度越高；反之灵敏度越低。仪器灵敏度可以通过左侧面板上的增益旋钮、衰减器细调旋钮、衰减器粗调旋钮、发射强度旋钮等来调节。

（1）增益旋钮：通过调节接收放大器的放大倍数来调节荧光屏上的波高，使之准确达到规定波高。增益越大，灵敏度越高。

（2）衰减器旋钮：定量地调节显示屏上的波高，常用于比较某回波高与基准波高的相对高度，单位为 dB。衰减器分为粗调和细调，均为步进式调节。

（3）抑制旋钮：限制检波后信号的输出高度，抑制杂波，提高信噪比。使用抑制旋钮，将使仪器的垂直线性变坏，动态范围变小。因此，当使用显示屏面板对缺陷定量时，不得使用抑制旋钮。

（4）发射强度旋钮：工作方式选择单探头 2 挡时启用，调节发射脉冲的输出功率。发射强度越大，灵敏度越高，但这时脉冲宽度增大，分辨力降低。

#### 2）探测范围调节旋钮

仪器探测范围可以通过右侧面板上的扫描粗调旋钮、扫描细调旋钮、水平位移旋钮等来调节。

（1）扫描粗调旋钮：根据工件厚度粗调探测范围。

（2）扫描细调旋钮：微调探测范围。

扫描细调旋钮与水平位移旋钮配合使用，可按一定比例调节扫描基线。

#### 3）开关与显示调节旋钮

（1）电源开关：置于“开”时，仪器电源接通，面板上电压指示红区，显示屏上显示扫描基线。

（2）调焦旋钮：调节扫描基线的清晰程度。

#### 4）工作方式选择旋钮

（1）单探头 1 挡：一只探头，兼作发射和接收，发射强度最大。

（2）单探头 2 挡：一只探头，兼作发射和接收，发射强度通过发射强度旋钮控制。

（3）双探头：一只探头发射，另一只探头接收。

## 操作指南

### 1. 所需设备

操作所需的仪器设备及材料见表 1–1。

表 1–1 仪器设备及材料

| 序号 | 仪器设备及材料 | 数量 |
| --- | --- | --- |
| 1 | CTS–22 型仪器 | 1 |
| 2 | 2.5P20 直探头 | 1 |

### 2. 操作步骤

（1）将 2.5 MHz 直探头连接至仪器插座，拿起探头。

（2）调节扫描粗调旋钮至 50 mm 挡，调节水平位移旋钮，找到始波。

（3）调节发射强度、衰减器粗调、衰减器细调、增益等旋钮，使始波高度适宜，波形清晰、明确。

（4）调整扫描细调旋钮，使始波底部宽度不超过 1 大格。

（5）调整水平位移旋钮，将始波置于 0 刻度左侧。

### 3. 考核标准

（1）仪器操作方法正确。

（2）始波清晰、明确，位置准确。

## 数字资源

扫描下方二维码获取本部分内容数字学习资源。

## 实训报告

### 1. 基本信息

实训名称：______________________________ 日期：______年____月____日

姓名：______________________________ 学号：____________________

班级：______________________________ 组别：____________________

### 2. 实训目的

### 3. 实训设备

### 4. 操作步骤

### 5. 数据及结论

（1）调整后的始波底部宽度约_______小格。

（2）调整后的始波左侧底角约置于 0 刻度前_______小格。

### 6. 考核评价

## 随堂小测

1. 模拟式超声波探伤仪显示屏上波形左侧底角和右侧底角分别代表（　　）。
   A. 没有意义
   B. 超声波到达缺陷和到达探头的时刻
   C. 超声波穿过保护膜的起止时刻
   D. 超声波开始被接收到的时刻和接收完成的时刻
2. 模拟式超声波探伤仪显示屏的波峰代表（　　）。
   A. 超声波被接收到的时间
   B. 超声波被接收到时的回波高度
   C. 超声波回波信号最强时刻的有效回波高度
   D. 超声波回波信号的平均回波高度
3. 模拟式超声波探伤仪回波宽度代表（　　）。
   A. 超声波被接收到的持续时间
   B. 没有意义
   C. 超声波从缺陷上产生反射的持续时间
   D. 超声波穿过保护膜的时间
4. 模拟式超声波探伤仪左侧旋钮区域是用来调整（　　）。
   A. 垂直线性的　B. 回波高低的　C. 水平线性的　D. 声程校正的

# 实训项目 2　仪器水平线性测试

## 知识概要

超声波探伤仪波形的显示位置是由超声波传播的距离决定的，超声波传播得越远，对应波形所处的水平刻度也越大。这就意味着在仪器状态一定的情况下，理论上的回波水平刻度与反射体的距离（声程）是成正比的，我们也正是应用这一规律来判断反射体的位置的。但由于仪器工作过程存在偏差，回波水平刻度与反射体距离的对应关系可能存在误差，进而影响测距精度和缺陷定位。因此，《钢轨探伤管理规则》明确要求钢轨探伤仪的水平线性为仪器月检、季检、年检的必检项。

本项目主要介绍 CTS-22 型仪器的水平线性测试方法，并进行相应操作练习。

## 学习目标

（1）熟悉 CTS-22 型仪器的使用方法。

（2）掌握超声波探伤仪水平线性的测试方法。

## 基础知识

### 1. 水平线性的概念

仪器荧光屏上时基线水平刻度值与实际声程成正比的程度，称为仪器的水平线性或时基线性。水平线性主要取决于扫描锯齿波的线性。仪器水平线性的好坏直接影响测距精度，进而影响缺陷定位。

### 2. 时基线的概念

时基线是时间基准线的简称，超声波传播时间长短代表了超声波传播距离的远近。在 A 型显示荧光屏中，时基线是表示传播时间或距离的水平扫描线。

### 3. 声程的概念

在超声波探伤中，声程是指声束单向通过的路程，也可以理解为所探测反射体与探头入射点间的距离。

## 操作指南

### 1. 所需设备

操作所需的仪器设备及材料见表 2-1。

表 2-1　仪器设备及材料

| 序号 | 仪器设备及材料 | 数量 |
| --- | --- | --- |
| 1 | CTS-22 型仪器 | 1 |
| 2 | CSK-IA 试块 | 1 |
| 3 | 2.5P20 直探头 | 1 |
| 4 | 机油 | 适量 |

### 2. 技术标准

《超声波探伤仪检定规程》（JJG 746—2004）规定：

（1）水平线性误差不大于 2%。

（2）水平线性误差属于首次检定、后期检定、使用中检定的检定项目。

### 3. 操作步骤

（1）将探头通过耦合剂置于 CSK-IA 试块 25 mm 厚的探测面上，如图 2-1 所示。屏幕上出现多次底面回波，用水平位移旋钮将始波向左移出屏外，反复调节水平位移旋钮和扫描细调旋钮，使第一次底波 $B_1$ 和第六次底波 $B_6$ 分别为50%波高时，其底波前沿分别对准水平刻度 0 和 100，如图 2-2、图 2-3 所示。

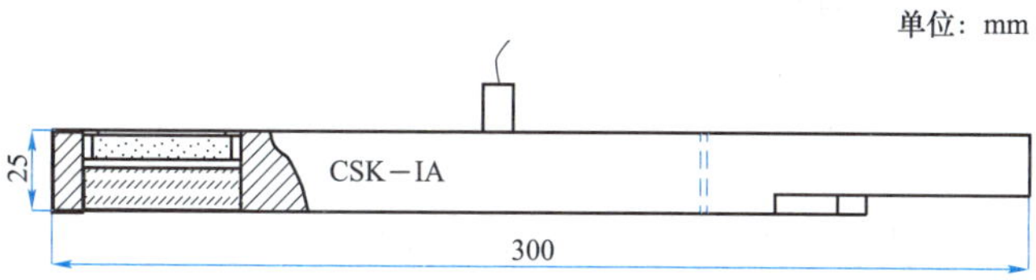


图 2-1　探头置于 25 mm 厚的探测面上

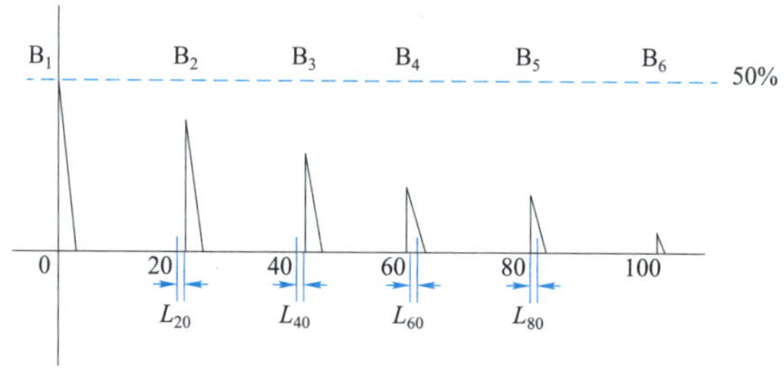


图 2-2　底波 $B_1$ 为 50%波高时示意图

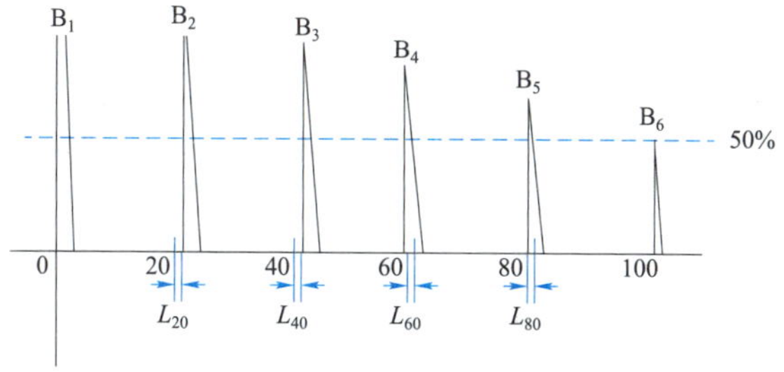


图 2-3　底波 $B_6$ 为 50%波高时示意图

（2）用衰减器和增益将 $B_2$、$B_3$、$B_4$、$B_5$ 的波高分别调整为 50%时，将各底波前沿所对应的水平刻度读数填入表 2-2 中。

表 2-2 水平线性测试记录

| 底面多次回波 | $B_1$ | $B_2$ | $B_3$ | $B_4$ | $B_5$ | $B_6$ |
|---|---|---|---|---|---|---|
| 水平刻度读数 | 0 | | | | | 100 |
| 误差 | 0 | | | | | 0 |

（3）计算水平线性。将 $B_2$、$B_3$、$B_4$、$B_5$ 与水平刻度值 20、40、60、80 的误差值 $L_2$、$L_3$、$L_4$、$L_5$ 填入表 2-2 中，并取一个最大的误差值 $L_{max}$（取绝对值），利用公式计算水平线性。

$$\Delta L=\frac{|L_{max}|}{B}\times 100\%$$

式中：$L_{max}$——$L_2$、$L_3$、$L_4$、$L_5$ 中的最大值；

$B$——显示屏水平满刻度值，即 100。

### 4. 考核标准

（1）仪器操作方法正确。

（2）水平线性误差不超过 2%。

## 数字资源

扫描下方二维码获取本部分内容数字学习资源。

## 实训报告

### 1. 基本信息

实训名称：______________________　　日期：______年____月____日

姓名：______________________　　学号：______________

班级：______________________　　组别：______________

### 2. 实训目的

### 3. 实训设备

### 4. 操作步骤

### 5. 数据及结论

（1）水平线性测试记录（填入表 2-3）。

表 2-3　水平线性测试记录

| 底面多次回波 | $B_1$ | $B_2$ | $B_3$ | $B_4$ | $B_5$ | $B_6$ |
|---|---|---|---|---|---|---|
| 水平刻度读数 | 0 | | | | | 100 |
| 误差 | 0 | | | | | 0 |

（2）水平线性计算。

水平线性计算：$\Delta L=\frac{|L_{\max}|}{B}\times100\%=$

水平线性判定结果：______________________

### 6. 考核评价

## 随堂小测

1. 仪器左侧的旋钮中，右上方的叫（　　）。
   A. 增益旋钮　　B. 衰减器粗调旋钮
   C. 衰减器细调旋钮　　D. 发射强度旋钮
2. 调节（　　）旋钮将始波调至 0 刻度附近。
   A. 扫描细调　　B. 水平位移　　C. 扫描粗调　　D. 衰减细调
3. 仪器右侧的旋钮中，右下方的叫（　　）。
   A. 水平位移旋钮　　B. 扫描细调旋钮
   C. 扫描粗调旋钮　　D. 调焦旋钮
4. 仪器右侧的旋钮中，左上方有 4 个刻度的叫（　　）。
   A. 水平位移旋钮　　B. 扫描细调旋钮
   C. 扫描粗调旋钮　　D. 调焦旋钮
5. 水平线性的测量要使第一次底波对准 0 刻度，第六次底波对准 100 刻度，而不是始波对准 0 刻度，第五次底波对准 80 刻度，原因是（　　）。
   A. 这样做也可以，结果是一样的
   B. 一个是五次底波间距 10 格，另一个是六次底波间距 10 格，结果不同
   C. 因为始波不代表 0 深度，所以和 0 刻度没有对应关系，这样做会影响精度
   D. 因为超声波刚发射出来存在进场区，影响探测
6. 如果屏幕满量程表示 250 mm，那么 1 小格（最小的格）表示（　　）。
   A. 2 mm　　B. 5 mm　　C. 10 mm　　D. 25 mm

# 实训项目 3 仪器垂直线性与动态范围测试

## 知识概要

超声波探伤仪波形的显示高度与超声波的回波高度（声压）成正比，超声回波高度越大，对应波形顶点的垂直刻度也越大。我们应用这一规律来了解回波的强弱，从而判断反射体的某些性质。但由于仪器工作过程存在偏差，回波显示高度与超声波的回波高度的对应关系可能存在误差，进而影响伤损的定量精度。

动态范围是描述仪器能够显示的回波高度范围的参数，动态范围越大，显示屏可分辨的回波高度范围也越大，进而能观察到更小反射体的回波。动态范围的好坏会影响某一灵敏度状态下小伤损的检出能力。《钢轨探伤管理规则》明确要求钢轨探伤仪的垂直线性及动态范围为仪器月检、季检、年检的必检项。

本项目主要介绍 CTS-22 型仪器的垂直线性与动态范围测试方法，并进行相应的操作练习。

## 学习目标

（1）理解回波高度与衰减器读数的关系。

（2）掌握超声波探伤仪垂直线性的测试方法。

（3）掌握超声波探伤仪动态范围的测试方法。

## 基础知识

### 1. 垂直线性的概念

仪器显示屏上的波高与输入信号高度成正比的程度称为垂直线性或放大线性。垂直线性主要取决于放大器的性能。垂直线性的好坏影响缺陷定量的精度。

### 2. 动态范围的概念

仪器的动态范围是指反射信号从垂直极限（100%波高）衰减到消失时所需的衰减量，也就是仪器显示屏容纳信号的能力。影响动态范围的主要因素包括仪器的线性范围和显示屏的大小。

## 操作指南

### 1. 所需设备

操作所需的仪器设备及材料见表 3-1。

表 3-1　仪器设备及材料

| 序号 | 仪器设备及材料 | 数量 |
| --- | --- | --- |
| 1 | CTS-22 型仪器 | 1 |
| 2 | CS-1-5 试块 | 1 |
| 3 | 2.5P20 直探头 | 1 |
| 4 | 机油 | 适量 |

### 2. 技术标准

《超声波探伤仪检定规程》（JJG 746—2004）规定：

（1）垂直线性误差不大于 6%；

（2）动态范围不小于 26 dB。

### 3. 操作步骤

（1）将扫描量程调到 50 mm 挡，抑制旋钮关，增益旋钮调至适当位置，仪器置于工作方式 2 挡。

（2）调节衰减器粗调旋钮至 40 dB，调节衰减器细调旋钮至 0 dB。

（3）将直探头置于 CS-1-5 试块探测面边缘上，显示屏上出现 225 mm 底波；如果无底波，可调节扫描细调旋钮，将底波调在第 9 格上，如图 3-1 所示。

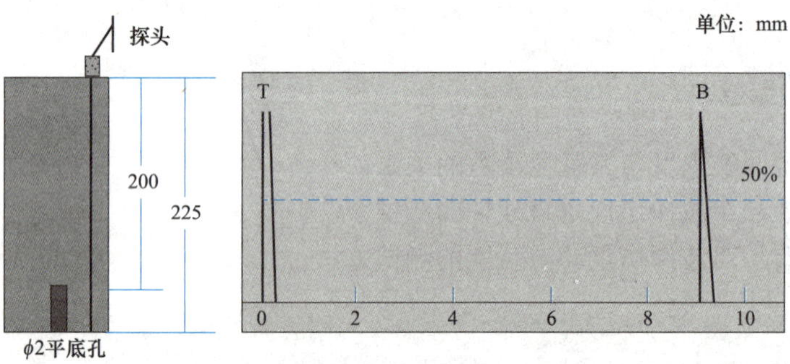


图 3-1　探测面底波调至第 9 格

（4）探头向试块中心移动，在底波前第 8 格上出现 $\phi2\times200$ mm 孔波，如果无孔波可调节增益、发射强度，也可提高灵敏度，即释放衰减器分贝值。移动探头找 $\phi2\times200$ mm 孔波的最高回波，如图 3-2 所示。

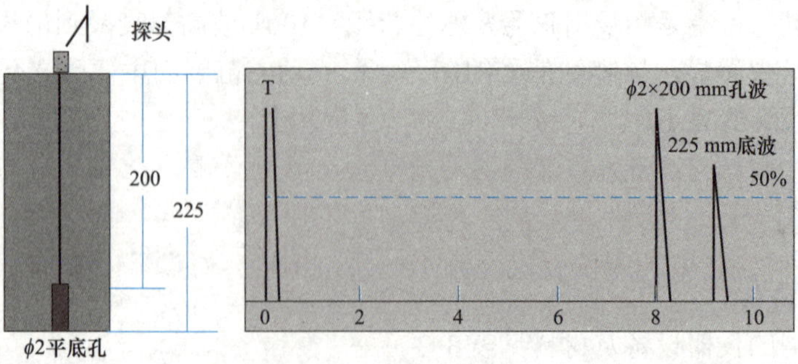


图 3-2　$\phi2\times200$ mm 孔波的最高回波

（5）调节增益、发射强度和衰减器旋钮，使$\phi 2\times 200$ mm 孔波的最高回波达到满高度，即 100%（不要过饱和），记下衰减器旋钮的总读数 $S_1$，如图 3-3 所示。

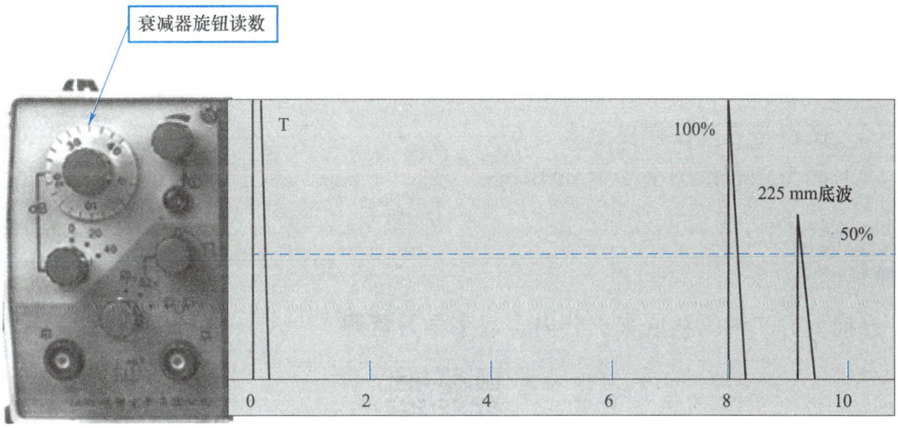


图 3-3 $\phi 2\times 200$ mm 孔波的最高回波满高度衰减器读数

（6）从现在起不再动增益旋钮和发射强度旋钮，然后依次记下每衰减 2 dB 后的波高值（用%表示），读数精确到个位，直到衰减 26 dB（13 次）。将测试的实测数据填入表 3-2 中（偏差=实测值－理论值，实测值大于理论值偏差为正，小于理论值偏差为负），最大正偏差（$d_+$）和最大负偏差（$d_-$）的绝对值之和即为垂直线性误差（垂直线性误差应小于 6%），即

$$d=(|d_+|+|d_-|)\%$$

表 3-2 垂直线性测试记录

| 衰减值/dB | 波高理论值/% | 波高实测值/% | 偏差/% | 回波消失情况 |
|---|---|---|---|---|
| 0 | 100 | | | |
| 2 | 79.4 | | | |
| 4 | 63.1 | | | |
| 6 | 50.1 | | | |
| 8 | 39.8 | | | |
| 10 | 31.6 | | | |
| 12 | 25.1 | | | |
| 14 | 20.0 | | | |
| 16 | 15.8 | | | |
| 18 | 12.5 | | | |
| 20 | 10.0 | | | |
| 22 | 7.9 | | | |
| 24 | 6.3 | | | |
| 26 | 5.0 | | | |

（7）如果衰减 26 dB 后，$\phi 2\times 200$ mm 孔波还可看到，继续上述测量，直到孔波下降到刚能辨认之最小值，记下衰减器旋钮的读数，记录孔波由 100%下降到最小值时衰减器的调节量，此即仪器的动态范围，用分贝值表示动态范围。

（8）得出结论。

### 4. 考核标准

（1）测得垂直线性误差不大于 6%。

（2）测得动态范围不小于 26 dB。

## 数字资源

扫描下方二维码获取本部分内容数字学习资源。

## 实训报告

### 1. 基本信息

实训名称：______________________　日期：______年____月____日

姓名：______________________　学号：______________

班级：______________________　组别：______________

### 2. 实训目的

### 3. 实训设备

### 4. 操作步骤

### 5. 数据及结论

（1）垂直线性测试记录见表 3-3。

表 3-3　垂直线性测试记录

| 衰减值/dB | 波高理论值/% | 波高实测值/% | 偏差/% | 回波消失情况 |
|---|---|---|---|---|
| 0 | 100 | | | |
| 2 | 79.4 | | | |
| 4 | 63.1 | | | |
| 6 | 50.1 | | | |

续表

| 衰减值/dB | 波高理论值/% | 波高实测值/% | 偏差/% | 回波消失情况 |
|---|---|---|---|---|
| 8 | 39.8 | | | |
| 10 | 31.6 | | | |
| 12 | 25.1 | | | |
| 14 | 20.0 | | | |
| 16 | 15.8 | | | |
| 18 | 12.5 | | | |
| 20 | 10.0 | | | |
| 22 | 7.9 | | | |
| 24 | 6.3 | | | |
| 26 | 5.0 | | | |

$d=(|d_+|+|d_-|)\%=$__________。

结论：________________________________________。

（2）如果衰减 26 dB 后，$\phi 2\times 200$ mm 孔波还可看到，继续上述测量，直到孔波下降到刚能辨认，记下衰减器旋钮的读数 $S_2=$__dB，记录孔波由 100%下降到最小值时衰减器的调节量，此即仪器的动态范围，用分贝值表示动态范围为 $S=S_2-S_1=$____ dB。

结论：________________________________________。

### 6. 考核评价

## 随堂小测

1. 在垂直线性测量中，当调节衰减器旋钮依次衰减 2 dB 时，持探头的手的操作对实验结果（　　）。

A. 没有影响，但会导致动态范围变化

B. 没有影响

C. 有影响，会导致回波高度变化

D. 有影响，会导致动态范围变化

2. 在垂直线性测量中，要将 225 mm 底面波置于刻度 9，如果没有对齐，对实验结果（　　）。

A. 没有影响，这一步是为了便于找到平底孔波

B. 没有影响，读取的是测距的差值

C. 有影响，会导致水平线性误差

D. 有影响，会导致垂直线性误差

3. 在垂直线性测量中，要使孔波回波处于最佳（最高）状态，如果不是最高回波，对实验结果（　　）。

A. 即使探头移动了也没有影响

B. 只要持探头的手不动就没有影响

C. 有影响，会导致垂直线性误差偏小

D. 有影响，会导致垂直线性误差偏大

4. 发射强度旋钮与增益旋钮在功能上（　　）。

A. 相同，两个旋钮调节精度不一样

B. 不同，两个旋钮没有关系

C. 不同，两个旋钮具有继承性

D. 相同、调节原理不同，增益旋钮是在接收过程中调整信号强度

# 实训项目 4　直探头的参数标定与测量距离校正

## 知识概要

在超声波探伤中要定期对设备进行参数测定，以避免某些参数不合格对探伤工作造成影响。这些参数中有些是由仪器和探头共同决定的，有些则仅取决于探头的优劣。我们将与探头相关的参数标定划分为直探头的参数标定和斜探头的参数标定来进行介绍。本项目主要介绍直探头的灵敏度余量、分辨力、指向角、声轴偏斜角、始波宽度的标定。

与定期进行参数测定不同，测量距离的校正基于探测的深度范围，对于不同的工件需要重新进行调整，因此是超声波探伤的经常性工作，需要熟练掌握。本项目将介绍一种直探头测量距离的校正方法。在现场探伤中，测量距离的校正可借助工件或试块提供的反射面灵活进行。

## 学习目标

（1）理解直探头相关参数的概念。

（2）掌握直探头灵敏度余量的测定方法。

（3）掌握直探头分辨力的测定方法。

（4）掌握直探头指向角及声轴偏斜角的测定方法。

（5）掌握直探头始波宽度的测定方法。

（6）掌握直探头测量距离校正的一般方法。

## 基础知识

### 1. 灵敏度余量的概念

在超声波检测仪系统中，以一定电平表示的标准缺陷探测灵敏度与最大探测灵敏度之间的差值称为灵敏度余量。灵敏度余量越大，发现小缺陷的能力越强。

### 2. 分辨力的概念

分辨力是指在示波屏上区分相邻两缺陷的能力。分辨力取决于仪器和探头的组合性能。分辨力越高，能区分深度相近两缺陷的距离越小。

### 3. 指向角的概念

超声波的指向性是超声波能量集中在一定区域并向一个方向辐射的现象。超声波主要能量所在的锥形区域的角度称为扩散角，扩散角的一半称为指向角。圆形晶片直探头在钢中的指向角的计算公式为

$$\theta_0=\arcsin\frac{1.22\lambda}{D}\approx 70\frac{\lambda}{D}$$

其中，$\lambda$ 为超声波波长；$D$ 为圆形晶片直径。

### 4. 声轴偏斜角的概念

理论上直探头的声轴应与探头的几何中线重合，但经过长期使用，直探头保护膜可能发生不均匀磨耗，导致声轴与探头的几何中线偏离。声轴与探头的几何中线偏离的角度称为声轴偏斜角。

### 5. 始波宽度的概念

始波宽度也称始波占宽，是指发射脉冲的持续时间，通常以在一定灵敏度条件下，显示屏水平 0 刻度至始波后沿与垂直刻度 20%线交点间的距离所相当的声波在材料中传播的距离来表示。

### 6. 测量距离校正的概念

直探头测量距离的校正是定义时基线与探测深度比例关系的过程，通常描述为仪器满量程表示钢中纵波的毫米数。

## 操作指南

### 1. 所需设备

操作所需的仪器设备材料见表 4–1。

表 4–1 仪器设备及材料

| 序号 | 仪器设备及材料 | 数量 |
|---|---|---|
| 1 | CTS–22 型仪器 | 1 |
| 2 | CS–1–5 试块 | 1 |
| 3 | CSK–IA 试块 | 1 |
| 4 | AV 试块 | 1 |
| 5 | 2.5P20 直探头 | 1 |
| 6 | 机油 | 适量 |

### 2. 技术标准

《超声波探伤仪检定规程》（JJG 746—2004）规定：

（1）灵敏度余量不小于 42 dB；

（2）分辨力不小于 26 dB。

### 3. 灵敏度余量的标定操作步骤

（1）将增益旋钮调至最大，抑制旋钮关，扫描量程置于 50 mm 挡，工作方式置于 1 挡。

（2）不接探头，衰减器旋钮全部置于 0，此时屏幕上出现草状回波，即电噪声，如图 4–1 所示。

（3）调节衰减器旋钮，使草状波高度在 10%以下，记下衰减器的读数 $S_0$。

（4）接上探头，调节衰减器粗调旋钮至 40 dB。

（5）调节水平位移旋钮，将始波调至 0 刻度附近。

（6）将直探头放在 CS-1-5 试块探测面的边缘，调节扫描细调旋钮，将底波调至屏幕的第 9 格位置，然后将探头向试块中心移动，在底波前面第 8 格出现 $\phi 2\times 200$ mm 孔波的反射波，如图 4-2 所示。

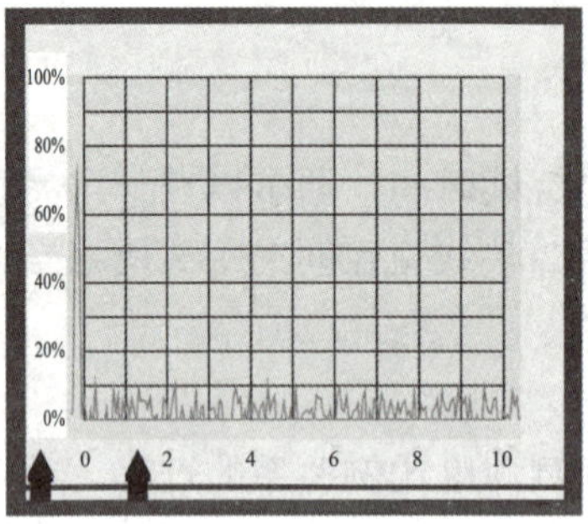


图 4-1　草状回波

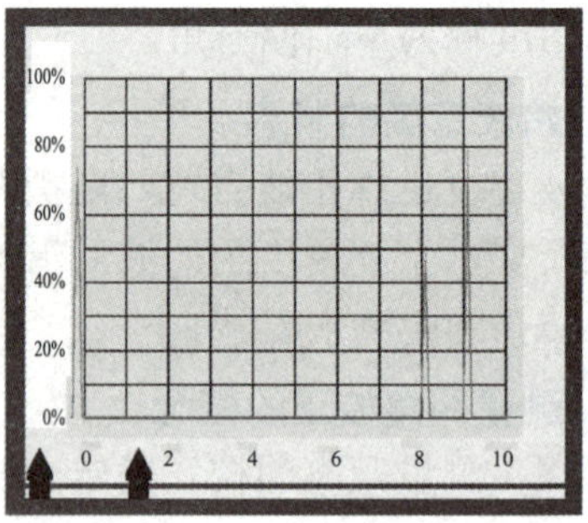


图 4-2　$\phi 2\times 200$ mm 孔波的反射波

（7）探头在试块的中心前后左右移动，查找 $\phi 2\times 200$ mm 孔波的最高回波，然后调节衰减器旋钮，使孔波的最高回波达到 50%，记下此时衰减器的读数 $S_1$。

（8）计算灵敏度余量 $S$（$S_1-S_0$）。

### 4. 分辨力的标定操作步骤

（1）将扫描量程置于 50 mm 挡，抑制旋钮关，工作方式置于 2 挡。

（2）调节水平位移旋钮，将始波调至 0 刻度附近。

（3）将探头置于 CSK-IA 试块 100 mm 探测面上，如图 4-3 所示。

图 4-3　探头置于 CSK-IA 试块 100 mm 探测面上

（4）调节扫描细调旋钮，使 $B_1$（100 mm）的底波在 10 刻度。

（5）探头移至 $B_2$（85 mm）、$B_3$（91 mm）探测面上，如图 4-4 所示，移动探头在底波前出现 $B_2$（85 mm）、$B_3$（91 mm）两个回波，小范围移动探头使两波等高，如图 4-5 所示。

图 4-4　探头移至 $B_2$、$B_3$ 探测面

（6）调节衰减器旋钮和增益旋钮，当两个回波波峰在 30%时记下衰减器的读数 $X_1$。

（7）释放衰减器细调旋钮的分贝值，使两个回波的波谷上升到 30%，如图 4-6 所示，记下衰减器的读数 $X_2$。

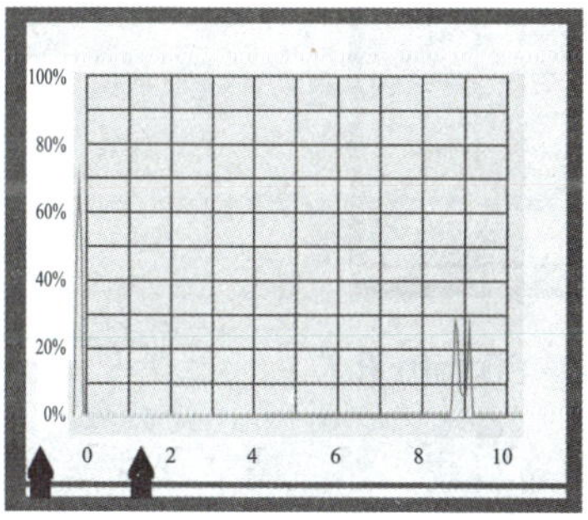


图 4-5　$B_2$、$B_3$ 两波等高

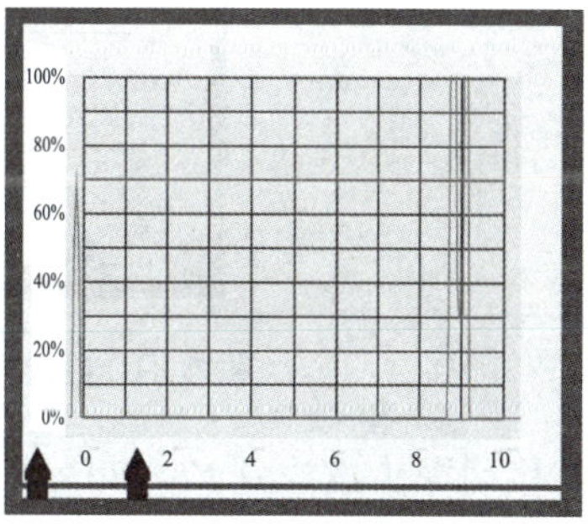


图 4-6　波谷上升至 30%

（8）计算分辨力 $X$（$=X_1-X_2$）。

## 5. 指向角与声轴偏斜角的标定操作步骤

（1）将扫描量程置于 50 mm 挡，抑制旋钮关，增益旋钮置于适当位置，工作方式置于 2 挡。

（2）将始波调至 0 刻度附近，探头置于 AV 试块的探测面，探测 90 mm 工件底面，如图 4-7 所示，显示屏上出现底波（如无底波，可调节扫描细调旋钮），将工件底波调至刻度 9。

图 4-7　探测 90 mm 工件底面

（3）探头移至 $\phi 2\times 80$ mm 横通孔的探测位置，如图 4-8 所示，在底波前面出现 $\phi 2\times 80$ mm 孔波，如图 4-9 所示。若无孔波，可提高灵敏度，即释放衰减器旋钮的分贝值。

图 4-8　探测 $\phi 2\times 80$ mm 横通孔

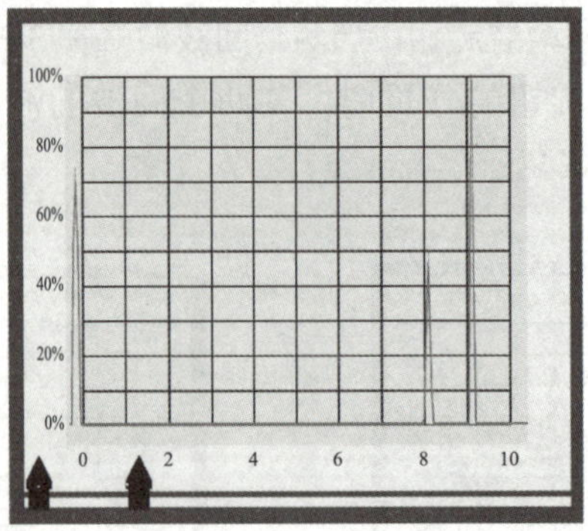


图 4-9　底波前面出现$\phi 2\times 80$ mm 孔波

（4）移动探头，找到$\phi 2\times 80$ mm 孔波的最高回波，然后调节衰减器旋钮，将最高回波高度调整为 50%（基准波高）。

（5）用尺子测量探头底部边缘至试块较近一侧的距离 $L_0$。

（6）释放 6 dB 后，孔波升高，探头向右移动，直至波高降至 50%（基准波高），如图 4-10 所示，用尺子测量探头底部边缘至试块较近一侧的距离 $L_+$。

图 4-10　$L_+$对应探头位置

（7）探头再向左移动，直至波高降至 50%（基准波高），如图 4-11 所示，用尺子测量探头底部边缘至试块较近一侧的距离 $L_-$。

图 4-11　$L_-$对应探头位置

（8）计算指向角。如图 4-12 所示，当探测到$\phi 2\times 80$ mm 孔波的最高回波时，探头在该孔正上方，当回波降低 6 dB 时，该孔刚好处于声束边缘处，可以通过几何关系计算出指向角$\theta$的值：先求得对边（$\phi 2\times 80$ mm 通孔处的声束半径）与邻边（$\phi 2\times 80$ mm 通孔的深度）之比，再通过反三角函数求得。这里$\phi 2\times 80$ mm 通孔处的声束半径取两次测量值的平均值。

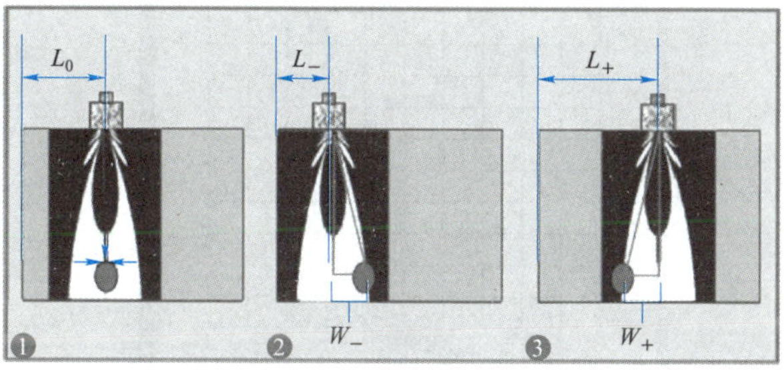


图 4-12　计算原理示意图

$\phi 2\times 80$ mm 通孔处声束半径两次测量值：$W_+=L_+-L_0$，$W_-=L_0-L_-$。

$\phi 2\times 80$ mm 通孔的深度：$h=80$ mm。

指向角：$\theta=\arctan\dfrac{|W_+|+|W_-|}{2h}$（理论值为 3.5°）。

（9）计算声轴偏斜角。理论上，当探测到$\phi 2\times 80$ mm 孔波的最高回波时，探头在该孔正上方，即探头中心距试块左侧边缘 20 mm 处。若探头产生偏移，则存在一个声轴偏斜角 $\gamma$，可以通过这一偏移量计算出声轴偏斜角的值：先求得对边（探头偏移量）与邻边（$\phi 2\times 80$ mm 通孔的深度）之比，再通过反三角函数求得。

探测$\phi 2\times 80$ mm 孔波的最高回波时探头的偏移量为

$$X=L_0+\frac{D}{2}-20\ （D\ 为探头直径）$$

探头的声轴偏斜角为

$$\gamma=\arctan\frac{|X|}{h}$$

（10）得出结论。

### 6. 直探头始波宽度的标定操作步骤

（1）将扫描量程置于 50 mm 挡，抑制旋钮关，增益旋钮置于适当位置。

（2）将探头置于 CSK-IA 试块 100 mm 大平底上，如图 4-13 所示，使 $B_1$ 和 $B_2$ 分别对准刻度 5 和 10，即使全量程代表钢中纵波声程 200 mm，如图 4-14 所示。

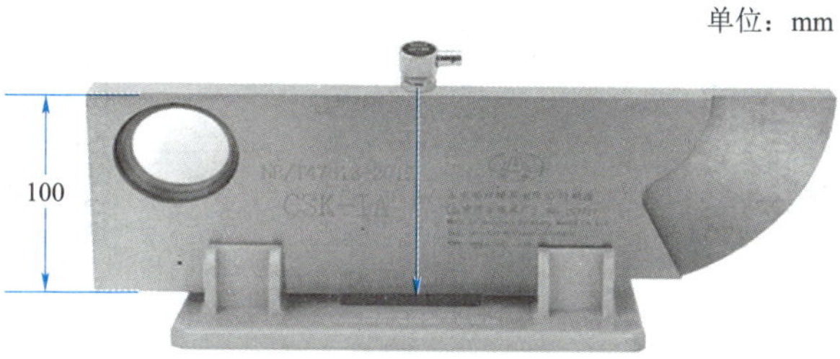


图 4-13　探头置于 CSK-IA 试块 100 mm 大平底上

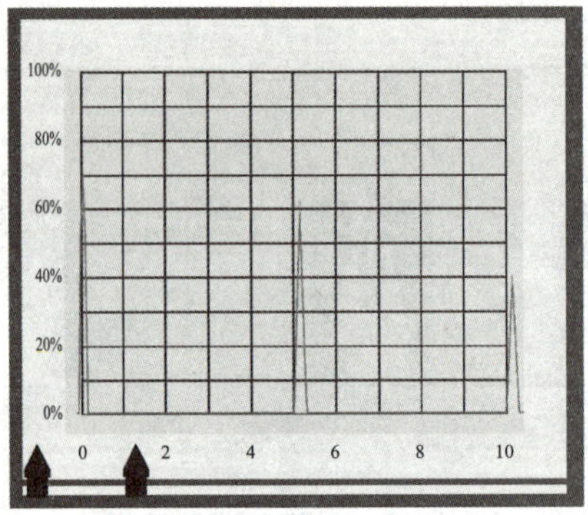


图 4-14　$B_1$和$B_2$分别对准刻度 5 和 10

（3）探头移至 CS-1-5 试块，仪器调整至灵敏度余量测试状态（使$\phi$2×200 mm 孔波的最高回波高度为 50%），探头置于空气中，擦去探头表面油层，则始波后沿与垂直刻度 20%线的交点所对应的距离 *W*（4 mm×小格数）即为空载始波宽度（用钢中纵波声程表示）。

### 7. 直探头测量距离校正的操作步骤

（1）将扫描量程置于 50 mm 挡，抑制旋钮关，增益旋钮置于适当位置。

（2）接上探头，开机（探头不要放在试块上），调节水平位移旋钮找到始脉冲，使始脉冲出现在 0 刻度附近。

（3）将探头置于CSK-IA试块100 mm大平底上，调节扫描细调旋钮使底波出现，并调出两个底波。

（4）反复调节扫描细调旋钮和水平位移旋钮，使 $B_1$ 底波的前沿对准第 4 格，$B_2$ 底波的前沿对准第 8 格，此时测距已校正为全量程表示钢中纵波声程 250 mm。

### 8. 考核标准

（1）测得直探头灵敏度余量不小于 42 dB。

（2）测得直探头分辨力不小于 26 dB。

（3）测得直探头指向角在 3°～4° 之间，声轴偏斜角不大于 2°。

（4）测得直探头始波宽度不大于 15 mm。

（5）测量距离校正准确。

## 数字资源

扫描下方二维码获取本部分内容数字学习资源。

# 实训报告

## 1. 基本信息

实训名称：________________________　日期：______年____月____日

姓名：________________________　学号：________________

班级：________________________　组别：________________

## 2. 实训目的

## 3. 实训设备

## 4. 操作步骤

（1）直探头灵敏度余量的标定操作步骤。

（2）直探头分辨力的标定操作步骤。

（3）直探头指向角及声轴偏斜角的标定操作步骤。

（4）直探头始波宽度的标定操作步骤。

（5）直探头测量距离校正的操作步骤。

### 5. 数据及结论

1）直探头灵敏度余量数据及结论

调节衰减器旋钮使其草状波高度在10%以下，记下衰减器的读数 $S_0$=_____。查找$\phi$2×200 mm孔波的最高回波，然后调节衰减器旋钮使孔波的最高回波为50%，记下此时衰减器的读数 $S_1$=_____，灵敏度余量 $S=S_1-S_0$=_____。

结论：____________________________________________。

2）直探头分辨力数据及结论

调节衰减器旋钮和增益旋钮，当两个回波的波峰在30%时记下衰减器的读数 $X_1$=________________。

释放衰减器细调旋钮的分贝值，使两个回波的波谷上升到30%，记下衰减器的读数 $X_2$=________________，分辨力 $X=X_1-X_2$=________________。

结论：____________________________________________。

3）直探头指向角及声轴偏斜角数据及结论

测得 $L_0$=_________，$L_+$=_________，$L_-$=_________。

$W_+=L_+-L_0$=_________，$W_-=L_0-L_-$=_________。

指向角：$\theta = \arctan\dfrac{|W_+|+|W_-|}{2h}$=_________。

探头偏移距离：$X = L_0 + \dfrac{D}{2} - 20$=_________。

探头声轴偏斜角：$\gamma = \arctan\dfrac{|X|}{h}$=_________。

结论：____________________________________________。

4）直探头始波宽度数据及结论

始波后沿与垂直刻度20%线的交点所对应的横轴刻度为_____小格，相当于钢中纵波声程 $W$=_______。

结论：____________________________________________。

5）直探头测量距离校正数据及结论

校正后测量CSK-IA试块25 mm大平底，若满量程刻度为100，则第一次底面回波出现在刻度_______处，第二次底面回波出现在刻度_______处。

### 6. 考核评价

## 随堂小测

1. 直射法测量距离校正在选择两个回波时应该选择（　　）。
   A. 间隔（探测深度）差异较小的回波
   B. 回波高度差异较大的回波
   C. 间隔（探测深度）差异较大的回波
   D. 回波高度差异较小的回波
2. 直射法测量距离校正时，要让回波前沿对齐刻度，这里回波前沿是指（　　）。
   A. 回波的左侧底角，即扫描线缺口左侧边缘
   B. 回波的右侧底角，即扫描线缺口右侧边缘
   C. 波峰位置
   D. 回波的左侧底角前沿 1 格的位置
3. 调节衰减器（　　）分贝值，使 $B_2$(85mm) 和 $B_3$(91mm) 两个回波的波谷上升。
   A. 衰减　　B. 释放　　C. 增大　　D. 放大
4. 用 CS-1-5 试块测量灵敏度余量时第 9 格出现（　　）波。
   A. S　　B. T　　C. B　　D. F
5. 指向角的测量用到的是（　　）的（　　）。
   A. AV 试块；$\phi$2×80 mm 平底孔　　B. AV 试块；$\phi$2×80 mm 横通孔
   C. MH 试块；$\phi$2×80 mm 平底孔　　D. MH 试块；$\phi$2×80 mm 横通孔
6. 指向角的测量也要求找到回波降低 6 dB 的点，这与 6 dB 测长法（　　）。
   A. 没有区别，就是 6 dB 测长法
   B. 原理上有区别，这两个“6 dB”没有任何关系
   C. 原理上没有区别，是 6 dB 测长法的另一种应用
   D. 原理上有区别，一个是升高 6 dB，一个是降低 6 dB

# 实训项目 5　斜探头的参数标定与测量距离校正

## 知识概要

在超声波探伤中，斜探头的相关参数较多，也更为复杂，需要定期进行参数测定。本项目主要介绍斜探头的灵敏度余量、分辨力、声轴偏斜角、前沿长度与入射点、折射角的标定。

与定期进行参数测定不同，测量距离的校正基于探测的深度范围，对于不同的工件需要重新进行调整，因此是超声波探伤的经常性工作，需要熟练掌握。本项目将介绍一种斜探头测量距离的校正方法。

## 学习目标

（1）理解斜探头相关参数的概念。
（2）掌握斜探头灵敏度余量的测定方法。
（3）掌握斜探头分辨力的测定方法。
（4）掌握斜探头声轴偏斜角的测定方法。
（5）掌握斜探头前沿长度与入射点的测定方法。
（6）掌握斜探头折射角的测定方法。
（7）掌握斜探头测量距离校正的一般方法。

## 基础知识

### 1. 灵敏度余量的概念

灵敏度余量是指在超声波检测仪系统中，以一定电平表示的标准缺陷探测灵敏度与最大探测灵敏度之间的差值。灵敏度余量越大，发现小缺陷的能力越强。

### 2. 分辨力的概念

分辨力是指在示波屏上区分相邻两缺陷的能力。分辨力取决于仪器和探头的组合性能，分辨力越高，能区分深度相近两缺陷的距离越小。

### 3. 声轴偏斜角的概念

理论上斜探头的声轴在水平投影上应与探头的对称轴重合，但经过长期使用，斜探头保护膜可能发生不均匀磨耗，导致声轴在水平投影上与探头的对称轴成一定角度，此角度称为声轴偏斜角。

### 4. 前沿长度与入射点的概念

斜探头入射点是声束在工件表面的入射位置，入射点与探头前端的距离称为前沿长度。斜探头的前沿长度与缺陷定位的准确度密切相关，生产误差和探头磨耗均可造成斜探头前沿长度和入射点位置的改变。

### 5. 折射角的概念

折射角是折射声束轴线与工件法线之间的夹角。斜探头的折射角与缺陷定位的准确度密切相关，生产误差和探头磨耗均可造成斜探头折射角的改变。

### 6. 测量距离校正的概念

斜探头测量距离的校正是定义时基线与声程比例关系的过程，通常描述为仪器全量程表示钢中横波的毫米数。

## 操作指南

### 1. 所需设备

操作所需的仪器设备及材料见表 5-1。

表 5-1 仪器设备及材料

| 序号 | 仪器设备及材料 | 数量 |
|---|---|---|
| 1 | CTS-22 型仪器 | 1 |
| 2 | CSK-IA 试块 | 1 |
| 3 | 2.5P10×10K1/1.5 斜探头 | 1 |
| 4 | 机油 | 适量 |

### 2. 技术标准

《超声波探伤仪检定规程》（JJG 746—2004）规定：

（1）灵敏度余量不小于 42 dB；

（2）分辨力不小于 26 dB。

### 3. 灵敏度余量的标定操作步骤

（1）将扫描量程置于 50 mm 挡，抑制旋钮关，工作方式置于 1 挡，增益旋钮调至最大。

（2）不接探头，此时仪器的电噪声电平平均值高于满高度的 10%，调节衰减器旋钮，使电噪声电平平均值等于满高度的 10%，记下此时衰减器的读数 $S_0$，此时屏幕上出现草状回波，如图 5-1 所示。

（3）接上斜探头，调节衰减器粗调旋钮至 40 dB。

（4）调节水平位移旋钮，将始波调至 0 刻度附近。

（5）将斜探头放在 CSK-IA 试块圆弧探测面上，如图 5-2 所示。调节扫描细调旋钮，在屏幕上找到等间距的 $R50$、$R100$ 两个圆弧反射波，如图 5-3 所示（若未出波，尝试纵向移动探头或横向旋转探头）。

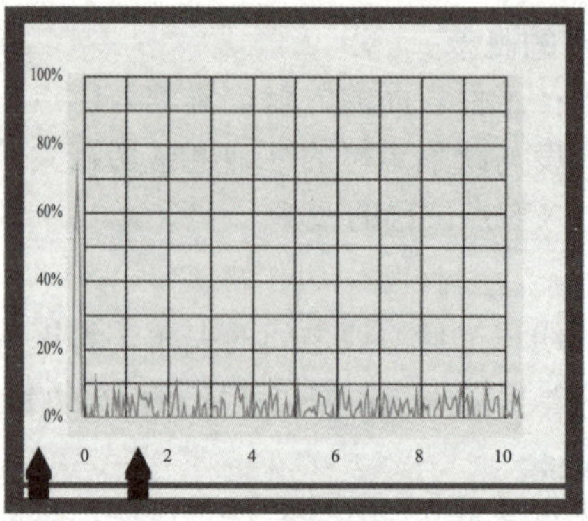


图 5-1　草状回波

图 5-2　斜探头放在 CSK-IA 试块圆弧探测面上

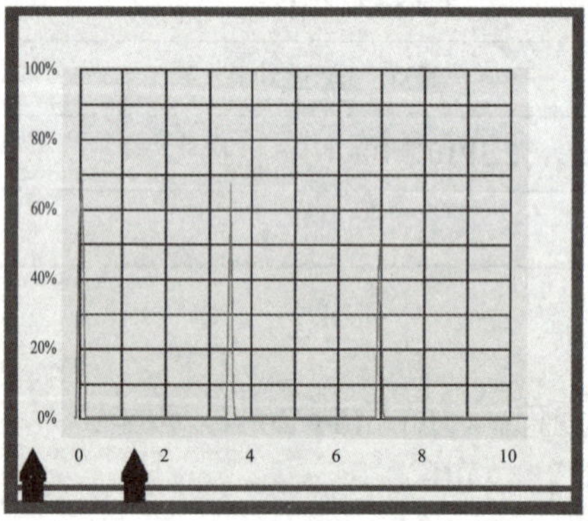


图 5-3　等间距的圆弧反射波

（6）将探头沿试块纵向移动，并左右旋转，找到 $R100$ 圆弧的最高回波，然后调节衰减器旋钮，使 $R100$ 圆弧的最高回波高度达到 50%，记下此时衰减器的读数 $S_1$。

（7）计算灵敏度余量 $S$（$=S_1-S_0$）。

#### 4. 分辨力的标定操作步骤

（1）将扫描量程置于 50 mm 挡，抑制旋钮关，工作方式置于 2 挡。

（2）将探头置于 CSK-IA 试块上，在探头 $K$ 值所对应的标记位置附近移动探头，探测 $\phi$50 mm 和 $\phi$44 mm 两孔，如图 5-4 所示，并使其回波 A、B 高度相等，如图 5-5 所示，为满刻度的 20%或 30%。

（3）调节增益旋钮或衰减器旋钮，使 A、B 两波峰间的波谷 $h_2$ 上升到原来的波峰高度 $h_1$，此时衰减器所释放的分贝数即为以分贝值表示的分辨力。

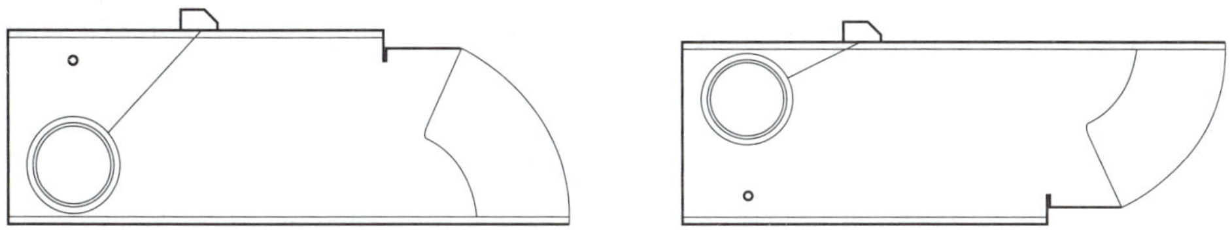


图 5-4　斜探头放在 $\phi$50 mm 和 $\phi$44 mm 两孔探测位置上

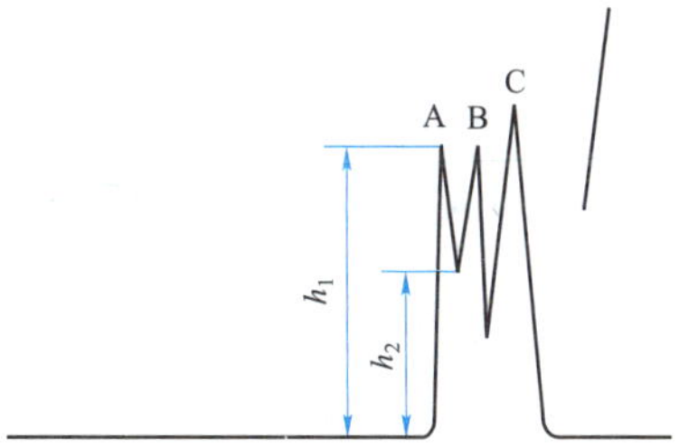


图 5-5　$\phi$50 mm 和 $\phi$44 mm 两孔回波等高

### 5. 斜探头声轴偏斜角的标定操作步骤

（1）将扫描量程置于 50 mm 挡，抑制旋钮关，增益旋钮置于适当位置，工作方式置于 2 挡。

（2）将始波调至 0 刻度附近，并将探头置于 CSK-IA 试块 25 mm 厚的表面上，对于 $K$≤1.5 的探头，测试时用试块上端面，对于 $K$>1.5 的探头，测试时用下端面，如图 5-6 所示。

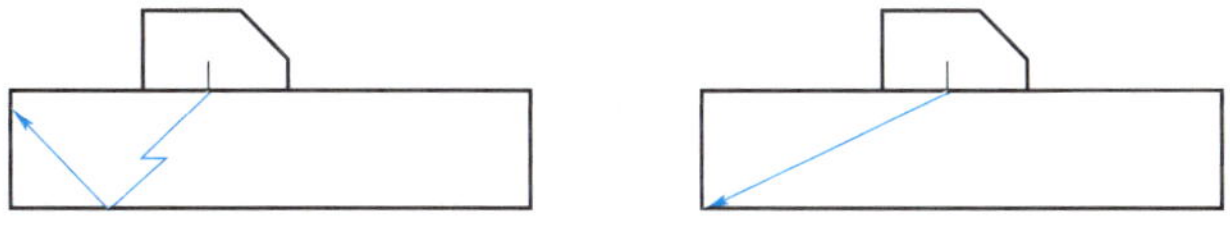


图 5-6　探头置于 CSK-1A 试块 25 mm 厚的表面探测位置

（3）前后移动和左右摆动探头，使所测试端面回波高度最高，然后用量角器测量探头测面与试块端面法线的夹角 $\theta$，如图 5-7 所示。夹角 $\theta$ 表示声轴偏斜角，读数精确到 0.5°，声轴偏斜角 $\theta$≤2.0°。

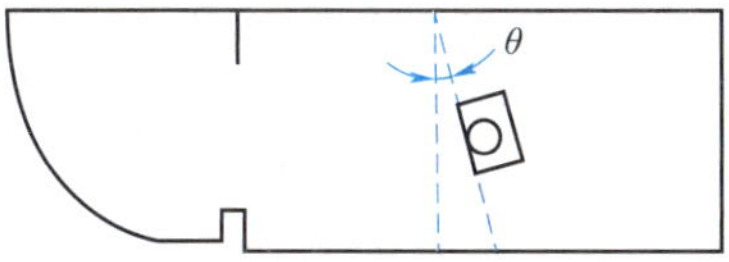

图 5-7　测量探头测面与试块端面法线的夹角

### 6. 斜探头前沿长度与入射点的标定操作步骤

（1）将扫描量程置于 50 mm 挡，抑制旋钮关，增益旋钮置于适当位置，工作方式置于 2 挡。

（2）连接被测探头，并置于 CSK-IA 试块 100 mm 厚的表面上，在声束方向与试块测面保持平行的条件下前后移动探头，使试块 $R100$ 圆弧面的第一次回波高度最高，如图 5-8 所示。

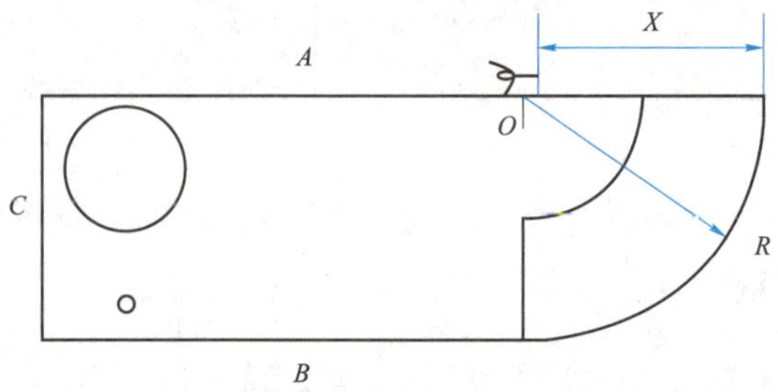


图 5-8 探测 $R100$ 圆弧面使第一次回波高度最高

（3）读取与该圆弧中心记号对应的探头测面的刻度，作为入射点。读数精确到 0.5 mm。

（4）用刻度尺测量入射点至探头前沿的距离 $L$，读数精确到 0.5 mm。前沿长度误差应小于或等于 10%。

### 7. 斜探头折射角的标定操作步骤

（1）将扫描量程置于 50 mm 挡，抑制旋钮关，增益旋钮置于适当位置，工作方式置于 2 挡。

（2）将探头置于 CSK-IA 试块 100 mm 厚的表面上，当 $K \leqslant 1.5$ 时，探头放在如图 5-9（a）所示的位置，观察 $\phi 50$ mm 孔波的回波；当 $1.5 < K \leqslant 2.5$ 时，探头放在如图 5-9（b）所示的位置，观察 $\phi 50$ mm 孔波的回波；当 $K > 2.5$ 时，则观察如图 5-9（c）所示的 $\phi 1.5$ mm 横通孔的回波。

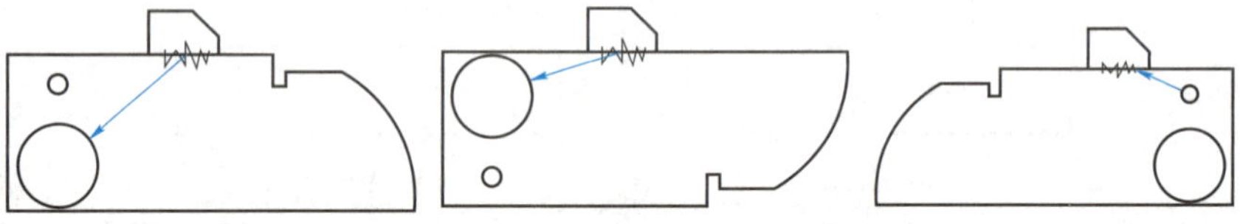

(a) $K \leqslant 1.5$　　(b) $1.5 < K \leqslant 2.5$　　(c) $K > 2.5$

图 5-9 不同 $K$ 值的探头放置位置

（3）前后移动探头，直到孔波的回波最高时固定下来，然后在试块上量取 $\phi 50$ mm 孔一侧边缘与探头前沿的距离 $L$。

（4）探头 $K$ 值应按如图 5-10 所示的对应尺寸通过三角函数计算得出。

当探头处于如图 5-9（a）所示的位置时，探头 $K$ 值为

$$K=(L+L_{前沿}-35)/70$$

当探头处于如图 5-9（b）所示的位置时，探头 $K$ 值为

$$K=(L+L_{前沿}-35)/30$$

当探头处于如图 5-9（c）所示的位置时，探头 $K$ 值为

$$K=(L+L_{前沿}-35)/15$$

式中：$K$——探头 $K$ 值；

$L$——$\phi 50$ mm 孔一侧边缘与探头前沿的距离；

$L_{前沿}$——探头前沿长度。

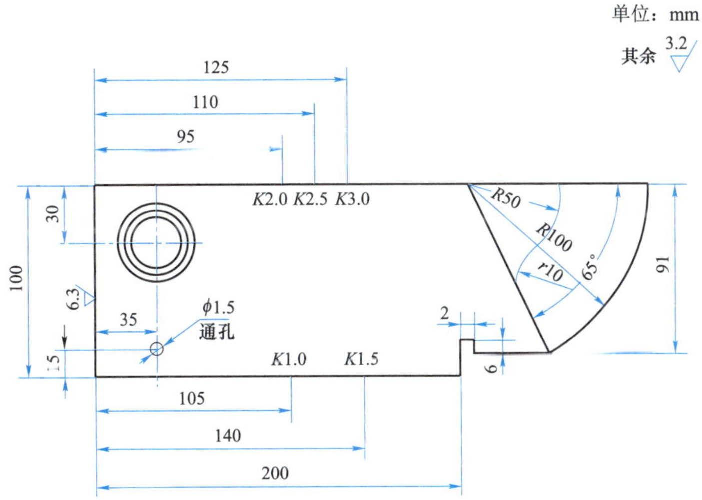


图 5-10　CSK-IA 试块尺寸图

（5）探头折射角$\beta$=arctan $K$，探头折射角误差应小于 2.0°。

### 8. 斜探头测量距离校正的操作步骤

（1）将扫描量程置于 50 mm 挡，抑制旋钮关，增益旋钮置于适当位置。

（2）接上探头，开机（探头不要放在试块上），调节水平位移旋钮找到始脉冲，使始脉冲出现在 0 刻度以左。

（3）将探头置于 CSK-IA 试块 100 mm 厚探测面上，如图 5-11 所示，入射点对准试块的圆心，向 $R$50 侧平移探头，使 $R$50、$R$100 两波基本等高。

图 5-11　探头放在 CSK-IA 试块圆弧探测面上

（4）反复调节水平位移旋钮和扫描细调旋钮，使 $R$50、$R$100 圆弧反射波分别对准仪器水平刻度的第 2.5 格和第 5 格。此时仪器校正为全量程表示钢中横波 200 mm 声程。

### 9. 考核标准

（1）测得斜探头灵敏度余量不小于 42 dB。

（2）测得斜探头分辨力不小于 26 dB。

（3）测得斜探头声轴偏斜角不大于 2°。

（4）测得前沿长度误差应小于或等于 10%。

（5）测得探头折射角误差应小于 2.0°。

（6）测量距离校正准确。

## 实训报告

### 1. 基本信息

实训名称：____________________ 日期：______年____月____日

姓名：____________________ 学号：____________________

班级：____________________ 组别：____________________

### 2. 实训目的

### 3. 实训设备

### 4. 操作步骤

（1）斜探头灵敏度余量的标定操作步骤。

（2）斜探头分辨力的标定操作步骤。

（3）斜探头声轴偏斜角的标定操作步骤。

（4）斜探头前沿长度与入射点的标定操作步骤。

（5）斜探头折射角的标定操作步骤。

（6）斜探头测量距离校正的操作步骤。

### 5. 数据及结论

1）斜探头灵敏度余量数据及结论

调节衰减器旋钮，使其草状波高度在 10%以下，记下衰减器的读数 $S_0$=_____。找到 $R$100 圆弧的最高回波，调节衰减器旋钮，使 $R$100 圆弧的最高回波波高达到 50%，记下此时衰减器的读数 $S_1$= ____，灵敏度余量 $S=S_1-S_0$=_____。

结论：________________________________________。

2）斜探头分辨力数据及结论

调节衰减器旋钮和增益旋钮，当两个回波的波峰在 20%（或 30%）时记下衰减器的读数 $X_1$=________________。

释放衰减器细调旋钮的分贝值，当两个回波的波谷上升到 20%（或 30%）时记下衰减器的读数 $X_2$=________________，分辨力 $X=X_1-X_2$=________________。

结论：________________________________________。

3）斜探头声轴偏斜角数据及结论

探头声轴偏斜角 $\theta$=_________。

结论：________________________________________。

4）斜探头前沿长度及入射点数据及结论

斜探头前沿长度 $L$=_______。

结论：________________________________________。

5）斜探头折射角测量数据及结论

斜探头 $K$ 值为______。

斜探头折射角 $\beta=\arctan K$=______。

6）斜探头测量距离校正数据及结论

校正后测量 CSK−IA 试块 100 mm 大平底，若全量程刻度为 100，则第一次底面回波出现在刻度_______处，第二次底面回波出现在刻度_______处。

### 6. 考核评价

## 随堂小测

1. 灵敏度余量表示的是标准缺陷探测灵敏度与最大探测灵敏度之间的（　　）。

A. 绝对差值　　B. 差值

C. 相对差值　　D. 之和

2. 斜探头的前沿长度是指（　　）。

A. 入射点与探头前沿的距离　　B. 压电晶片与探头前沿的距离

C. 超声波前沿与声轴线间的距离　　D. 超声波前沿与探头中心的距离

3. 斜探头测量距离校正可以用（　　）进行。

A. CSK–IA 试块 44 mm、50 mm 台阶孔

B. CSK–IA 试块 50 mm、100 mm 曲面

C. CSK–IA 试块 1.5 mm 通孔

D. CS–1–5 试块

4. 斜探头的分辨力可以用（　　）进行测试。

A. CSK–IA 试块 44 mm、50 mm 台阶孔

B. CSK–IA 试块 50 mm、100 mm 曲面

C. CSK–IA 试块 1.5 mm 通孔

D. CS–1–5 试块

# 实训项目 6　直探头 AVG 曲线的制作

## 知识概要

A、V、G 分别是距离、增益和大小的德文首字母。AVG 曲线是描述规则反射体的距离、回波高度及当量大小之间关系的曲线。AVG 曲线按照通用性可分为通用 AVG 曲线和实用 AVG 曲线；按照波型不同可分为纵波 AVG 曲线和横波 AVG 曲线；按照反射体不同可分为平底孔 AVG 曲线和横孔 AVG 曲线等。

## 学习目标

（1）理解直探头 AVG 曲线的概念。

（2）掌握直探头 AVG 曲线的制作方法。

## 基础知识

### 1. 通用 AVG 曲线

通用 AVG 曲线以横坐标表示归一化距离，曲线表示规则反射体的归一化当量，是用来描述距离和缺陷当量之间关系的曲线。通用 AVG 曲线可以用来调整检测灵敏度和对缺陷进行定量。

### 2. 实用 AVG 曲线

实用 AVG 曲线以横坐标表示实际距离，纵坐标表示规则反射体相对波高，是用来描述距离、波幅、当量尺寸之间关系的曲线。

## 操作指南

### 1. 所需设备

操作所需的仪器设备及材料见表 6-1。

表 6-1　仪器设备及材料

| 序号 | 仪器设备及材料 | 数量 |
|---|---|---|
| 1 | CTS-22 型仪器 | 1 |
| 2 | CSK-IA 试块 | 1 |
| 3 | AV 试块 | 1 |
| 4 | 2.5P20 直探头 | 1 |
| 5 | 机油 | 适量 |

### 2. 直探头 AVG 曲线制作的操作步骤

（1）将扫描量程调到 50 mm 挡，抑制旋钮关，增益旋钮调至适当位置，工作方式置于 2 挡，测距校准为全量程表示钢中纵波 100 mm 声程。

（2）将直探头放在 AV 试块深 90 mm 的探测面上，使$\phi 2\times 80$ mm 横通孔的最高波高为基准波高（如 50%），记下此时衰减器的读数。

（3）依次记下其他各孔的最高波为基准波高时衰减器的读数 $N$ 和孔深 $H$（根据孔波的前沿读得，如图 6-1 所示），填入表 6-2 内。用钢板尺测量各横通孔反射面到探测面的距离，并与测量结果比较，误差应小于 2 mm。

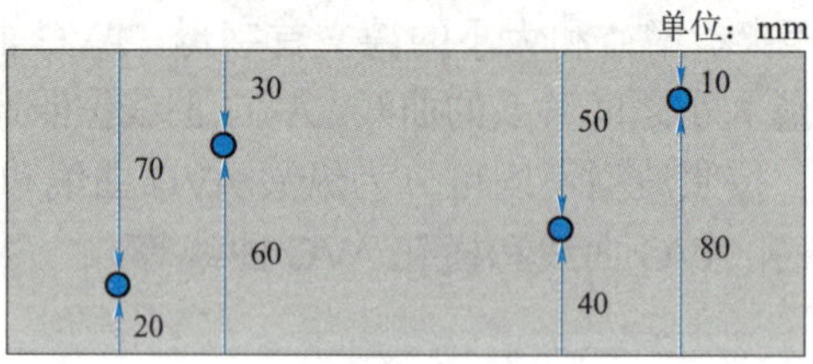


图 6-1　直探头置于 AV 试块上

表 6-2　测量数据

| | | | | | | | | | |
|---|---|---|---|---|---|---|---|---|---|
| $N$/dB | | | | | | | | | |
| $H$/mm | | | | | | | | | |

（4）依据表 6-2 的测量数据制作 AVG 曲线。

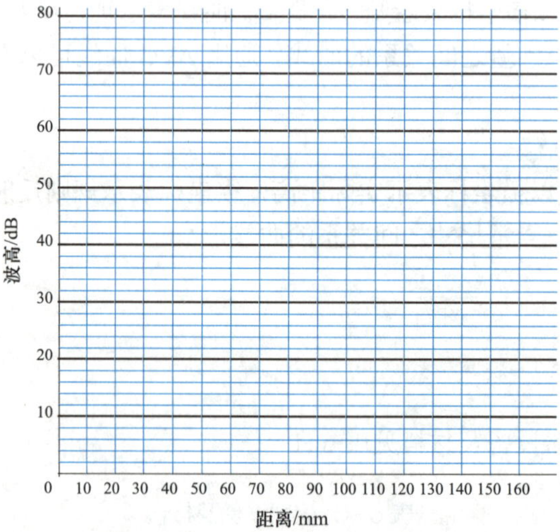


图 6-2　直探头 AVG 曲线图（一）

### 3. 考核标准

（1）操作方法和步骤正确。

（2）绘制的直探头 AVG 曲线符合一般规律。

（3）直探头 AVG 曲线能够正常应用。

## 实训报告

### 1. 基本信息

实训名称：________________________ 日期：______年____月____日

姓名：________________________ 学号：________________

班级：________________________ 组别：________________

### 2. 实训目的

### 3. 实训设备

### 4. 操作步骤

### 5. 数据及结论

（1）AVG 曲线测量数据（见表 6–3）。

表 6–3　测量数据

| *N*/ dB | | | | | | | | | |
|---|---|---|---|---|---|---|---|---|---|
| *H*/ mm | | | | | | | | | |

（2）制作 AVG 曲线（见图 6-3）。

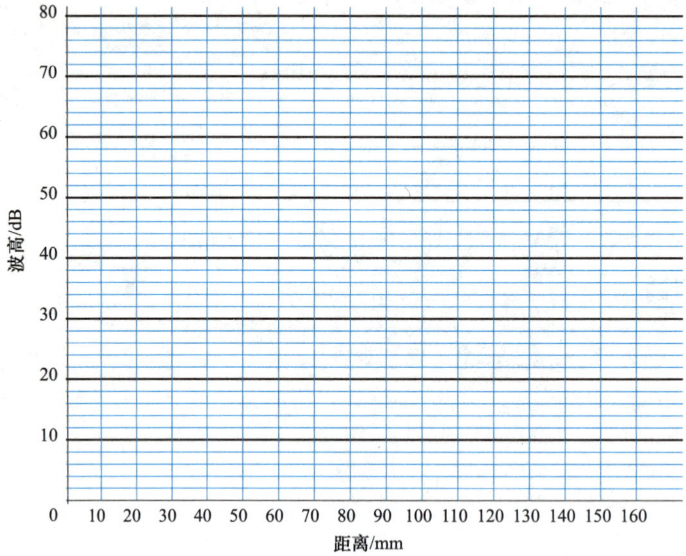


图 6-3　直探头 AVG 曲线图（二）

### 6. 考核评价

## 随堂小测

1. 可以用来制作 AVG 曲线的试块是（　　）。
A. AV 试块　　B. MH 试块　　C. 阶梯试块　　D. WGT-3 试块
2. 在 AVG 曲线中，规则反射体的当量尺寸用（　　）表示。
A. B　　B. A　　C. V　　D. G
3. AVG 曲线（　　）。
A. 仅能调整检测灵敏度
B. 仅能对缺陷进行定量
C. 调整检测灵敏度和对缺陷进行定量
D. 仅能对缺陷进行定位
4. AVG 曲线中的 A 代表（　　）。
A. 距离　　B. 波高　　C. 当量　　D. 曲线

# 实训项目 7 斜探头 DAC 曲线的制作

## 知识概要

DAC（distance amplitude curve）曲线是描述某一确定反射体回波高度随距离变化的关系曲线。同一当量的缺陷随着深度的增大，受信号衰减、声束扩散及其他因素的影响，其回波高度具有呈指数级下降趋势，把不同深度的同一当量的人工缺陷的反射回波高度连成一条曲线，就是 DAC 曲线。绘制 DAC 曲线是缺陷当量法定量的重要方法。探头近场区的声压变化复杂，近场区部分的曲线常需由实测制作。

## 学习目标

（1）理解斜探头 DAC 曲线的概念。

（2）掌握斜探头 DAC 曲线的制作方法。

## 基础知识

由于相同大小的缺陷，因声程不同，回波高度也不相同。用横坐标表示声程，用纵坐标表示回波高度，将不同声程所对应的不同波高的最高点连接成一条光滑曲线，这条线称为 DAC 曲线的母线。以母线为基准，根据相应探伤标准输入判废线、定量线、评定线所对应的分贝值。

DAC 曲线用于描述大小相同、但距离不同的反射体回波高度的变化。在通常情况下，在绘制好 DAC 曲线后，不论材料中反射体的位置如何，同样大小的反射体产生的回波峰值均在同一条曲线上。同样的道理，比曲线所表示的反射体尺寸小的，其反射回波会落在该曲线下面，而较大一些的会落在该曲线上面。

## 操作指南

### 1. 所需设备

操作所需的仪器设备及材料见表 7-1。

表 7-1 仪器设备及材料

| 序号 | 仪器设备及材料 | 数量 |
|---|---|---|
| 1 | CTS-22 型仪器 | 1 |

续表

| 序号 | 仪器设备及材料 | 数量 |
|---|---|---|
| 2 | CSK–IA 试块 | 1 |
| 3 | AV 试块 | 1 |
| 4 | 2.5P10×10K1/1.5 斜探头 | 1 |
| 5 | 机油 | 适量 |

### 2. 技术标准

根据《承压设备无损检测》（NB/T 47013）系列标准：DAC 曲线应按所用探头和仪器在试块上实测的数据绘制而成，该曲线族由评定线、定量线和判废线组成。评定线与定量线之间（包括评定线）为Ⅰ区，定量线与判废线之间（包括定量线）为Ⅱ区，判废线及其以上区域为Ⅲ区。如果 DAC 曲线绘制在显示屏上，则在检测范围内不低于显示屏满刻度的 20%。

### 3. 斜探头 DAC 曲线的制作操作步骤

（1）将扫描量程调到 50 mm 挡，抑制关，增益旋钮置于适当位置，工作方式置于 2 挡，测距校准为全量程表示钢中横波 200 mm 声程。

（2）将斜探头放在 AV 试块深 90 mm 的探测面上，先探测试块的下棱边（手指拍击试块一侧底部超声覆盖范围，下棱波会随拍击跳动），移动探头使下棱波最高，记下下棱波出现的位置 $X_0$。

（3）在下棱波出现位置的左侧找到 $\phi 2\times 80$ mm 横通孔回波，并将其最高波调整为基准波高（如 50%），记下此时衰减器的读数。

（4）依次测定其他各孔的最高波为基准波高时的衰减器读数 $N$，用钢板尺测量各横通孔反射面到探测面的距离 $H$，填入表 7–2 内。

表 7–2　测量数据

| $N$/dB | | | | | | | | | |
|---|---|---|---|---|---|---|---|---|---|
| $H$/mm | | | | | | | | | |

（5）依据表 7–2 的测量数据制作 DAC 曲线（见图 7–1）。

### 4. 考核标准

（1）操作方法和步骤正确。

（2）绘制的 DAC 曲线符合一般规律。

（3）DAC 曲线能够正常应用。

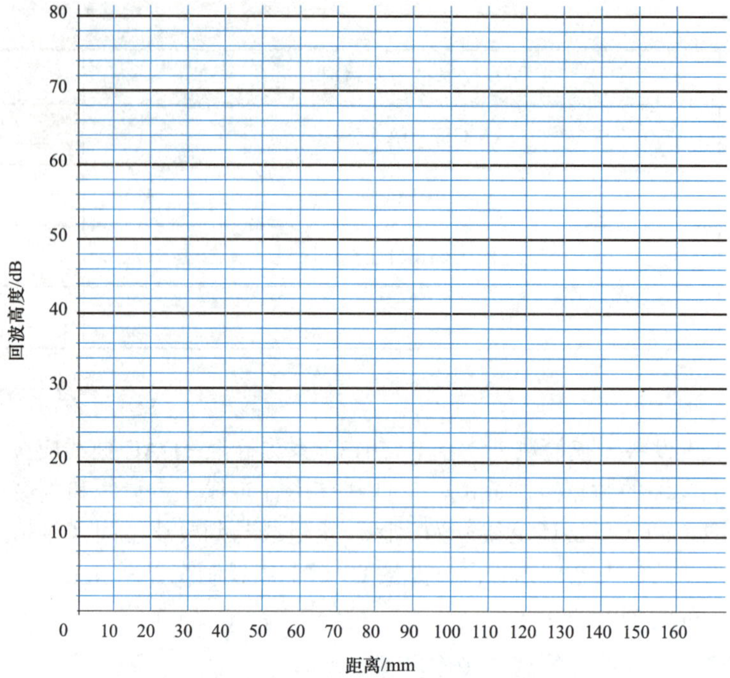


图 7-1 斜探头 DAC 曲线图（一）

## 实训报告

### 1. 基本信息

实训名称：________________________ 日期：______年____月____日

姓名：________________________ 学号：________________

班级：________________________ 组别：________________

### 2. 实训目的

### 3. 实训设备

### 4. 操作步骤

### 5. 数据及结论

（1）斜探头 DAC 曲线测量数据（见表 7–3）。

表 7–3 测量数据

| $N$/dB | | | | | | | | | |
|---|---|---|---|---|---|---|---|---|---|
| $H$/mm | | | | | | | | | |

（2）斜探头 DAC 曲线图（见图 7-2）。

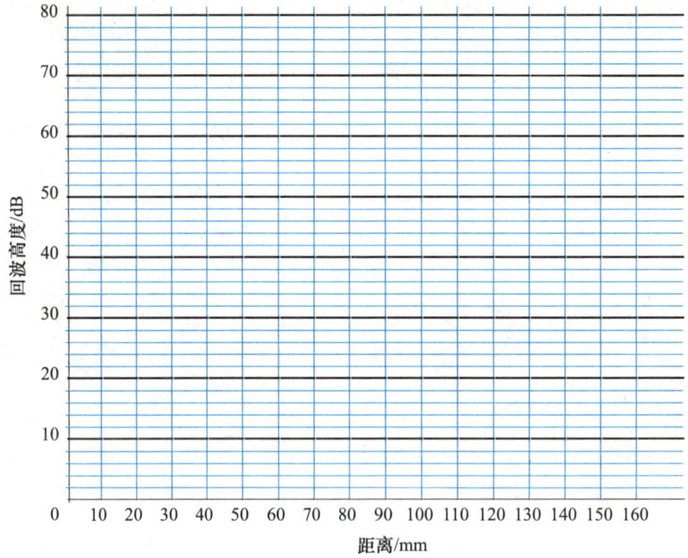


图 7-2　斜探头 DAC 曲线图（二）

## 6. 考核评价

## 随堂小测

1. DAC 曲线也称（　　）。
   A. 距离–当量曲线　　B. 当量–波幅曲线
   C. 距离–波幅曲线　　D. 距离–波幅–当量曲线
2. DAC 曲线可分为（　　）。
   A. 纵波 DAC 曲线和横波 DAC 曲线
   B. 直探头 DAC 曲线和斜探头 DAC 曲线
   C. 不同尺寸反射体的 DAC 曲线
   D. 以上全部
3. DAC 曲线包括（　　）。
   A. 判废线和定量线　　B. 判废线和评定线
   C. 评定线和定量线　　D. 以上全部
4. DAC 曲线与 AVG 曲线的关系是（　　）。
   A. DAC 曲线是斜探头曲线，AVG 曲线是直探头曲线
   B. DAC 曲线是横波曲线，AVG 曲线是纵波曲线
   C. DAC 曲线用来对确定尺寸反射体定性，AVG 曲线用来对不确定尺寸反射体定量
   D. DAC 曲线就是一种 AVG 曲线

# 实训项目 8　探伤灵敏度的校正

## 知识概要

探伤灵敏度的校正是指对超声波探伤系统工作状态及其参数的调整，使之能检测出工件中最大测距上要求检测出的最小尺寸缺陷，并使其波高达到基准波高。

## 学习目标

（1）掌握 CS–1–5 标准试块校正灵敏度的校正原理和方法。
（2）掌握大平底校正探伤灵敏度的原理和方法。

## 基础知识

灵敏度一般是指整个探伤系统（仪器和探头）发现最小缺陷的能力。发现的缺陷越小，灵敏度就越高。在有标准或工艺规程的情况下，探伤灵敏度的校正要求和方法应严格按标准或工艺规程执行；在只有探测要求的情况下，校正方法可自选。校正时必须考虑基准试块和工件间的各方面差异，给予表面（粗糙度、不平度）补偿、形状（平面、柱面）补偿、材料（衰减）补偿、声程（基准孔测距和缺陷最大测距）补偿、孔形（平底孔、长横孔、短柱孔、大平底等）补偿和孔径补偿等。

## 操作指南

### 1. 所需设备

操作所需的仪器设备及材料见表 8–1。

表 8–1　仪器设备及材料

| 序号 | 仪器设备及材料 | 数量 |
|---|---|---|
| 1 | CTS–22 型仪器 | 1 |
| 2 | CSK–IA 试块 | 1 |
| 3 | CS–1–5 试块 | 1 |
| 4 | 多孔试件（MH） | 1 |
| 5 | 2.5 MHz 直探头 | 1 |
| 6 | 机油 | 适量 |

### 2. 技术指标

（1）用 CS–1–5 试块校正探伤灵敏度，使能检测出厚度为 100 mm 锻件中的$\phi 2$当量平底孔缺陷。

（2）用工件大平底校正探伤灵敏度，使能检测出厚度为 100 mm 锻件中的$\phi 2$ 当量平底孔缺陷。

### 3. 用 CS–1–5 试块校正探伤灵敏度的操作步骤

（1）将扫描量程调至 50 mm 挡，抑制旋钮关，增益旋钮置于适当位置，工作方式置于 2 挡，测距校准为全量程表示钢中纵波 250 mm 声程。

（2）将探头置于 CS–1–5 试块探测面中心上，调节衰减器旋钮，$\phi 2\times 200$ mm 孔波应出现在屏幕第 8 格上，底波在第 9 格上，如图 8–1 所示。

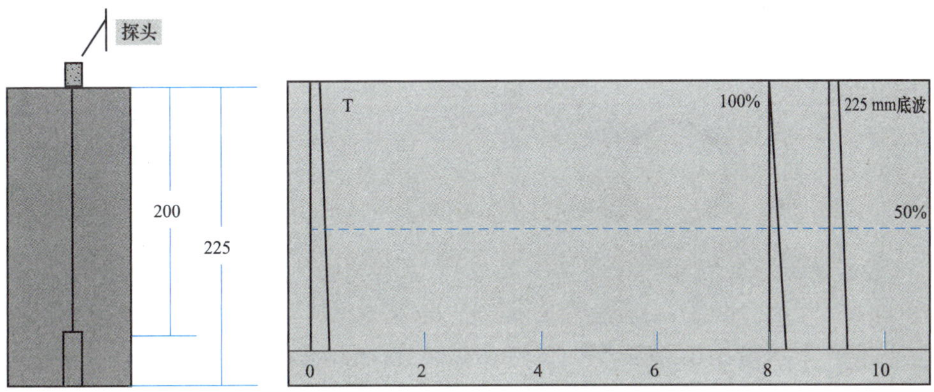


图 8–1　探头置于 CS–1–5 试块的探测面中心上

（3）前后左右移动探头，使$\phi 2\times 200$ mm 孔波的回波最高。

（4）调节衰减器旋钮、增益旋钮、发射强度旋钮，使$\phi 2\times 200$ mm 孔波的波高为基准高度（50%或 80%），记下此时衰减器读数 $N_0$，这时探伤灵敏度为$\phi 2\times 200$ mm。

（5）需要的探伤灵敏度为$\phi 2\times 100$ mm。虽然孔径$\phi 2$ 相同，但距离不同，需要进行声程补偿计算，根据公式：

$$\Delta N=40\lg\frac{d_1}{d_2}+40\lg\frac{X_2}{X_1}$$

由于 $d_1=d_2=2\,\text{mm}$，所以

$$\Delta N=40\lg\frac{X_2}{X_1}=40\lg\frac{200}{100}\approx 12\ \text{dB}$$

即仪器的衰减器值要增大 12 dB，记录 $N$ 值（$N_0+\Delta N$），再调节衰减器旋钮，使仪器衰减器的读数为 $N$ 值。此时仪器的探伤灵敏度为$\phi 2\times 100$ mm，校正完毕。

（6）验证。将探头置于 MH 试块的探测面上扫查$\phi 2\times 100$ mm 的平底孔，如图 8–2 所示，前后左右移动探头使$\phi 2\times 100$ mm 孔波的回波最高，调节衰减器旋钮，使孔波达到基准高度，记下此时衰减器的读数 $N_x$。探伤灵敏度限差为$|N_x-N|$。

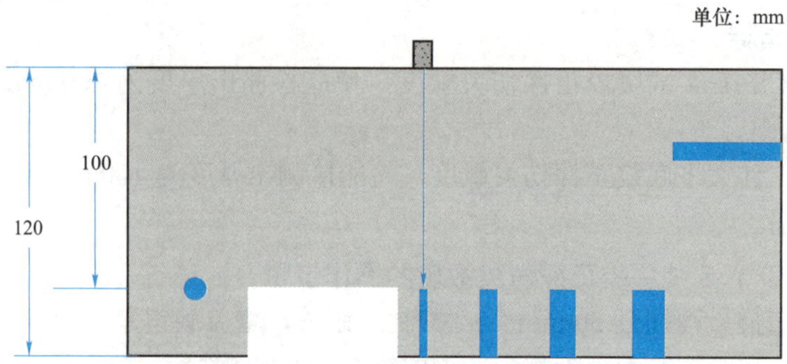


图 8-2　探头置于 MH 试块的探测面上

### 4. 用大平底校正探伤灵敏度的操作步骤

（1）将扫描量程调到 50 mm 挡，抑制旋钮关，增益旋钮置于适当位置，发射工作方式置于 2 挡，测距校准为全量程表示钢中纵波 200 mm 声程，如图 8-3、图 8-4 所示。

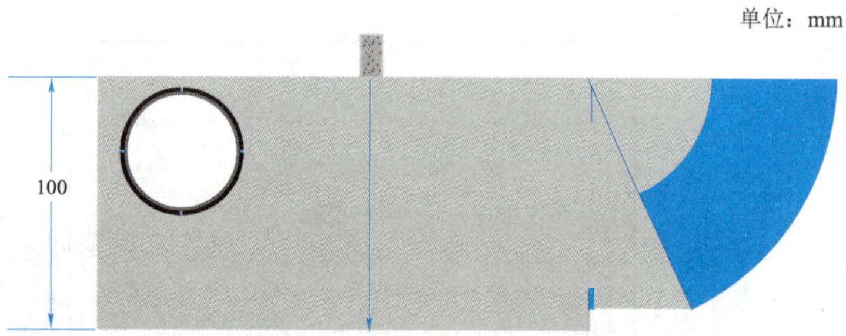


图 8-3　探头置于 CSK-IA 试块 100 mm 厚的探测面上

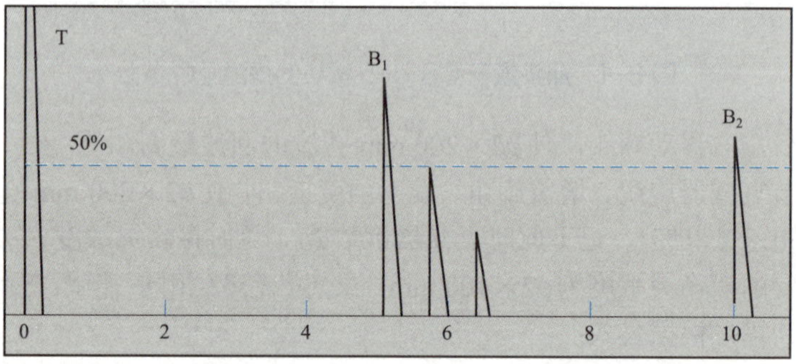


图 8-4　测距校正为纵波 200 mm 声程

（2）将探头放在 MH 试块深 100 mm 大平底探测面上，如图 8-5 所示。

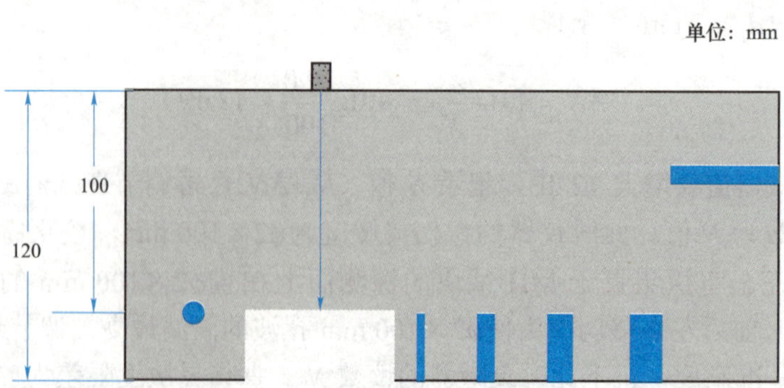


图 8-5　探头放在 MH 试块深 100 mm 大平底探测面上

（3）再调节衰减器旋钮、增益旋钮、发射强度旋钮，使回波高度为基准波高（50% 或 80%），记下此时衰减器的读数 $N_0$。这时仪器灵敏度为大平底的探伤灵敏度。

（4）需要的探伤灵敏度为$\phi$2×100 mm，虽然距离相同，但孔径不同，因此需做孔径补偿。根据平底孔对大平底的相对分贝差公式（$d$ 为平底孔的直径，$b$ 为平底孔距探头的距离，$\lambda$ 为波长，$a$ 为大平底距探头的距离）：

$$\Delta N = 20\lg\frac{\pi d^2 b}{2\lambda a^2} = 20\lg\frac{3.14\times 2^2\times 100}{2\times 2.36\times 100^2} \approx -31.5\ \text{dB}$$

$\phi$2×100 mm 基准波高比大平底的回波低 31.5 dB，此时仪器的衰减器的读数要减小 31.5 dB，记下 $N$ 值（$N_0+\Delta N$），并调节衰减器旋钮，使仪器衰减器的读数为 $N$ 值。此时仪器的探伤灵敏度为$\phi$2×100 mm（探伤灵敏度校正完毕）。

（5）验证。将探头置于 MH 试块的探测面上，扫查$\phi$2×100 mm 平底孔，如图 8-6 所示，前后左右移动探头使$\phi$2×100 mm 孔波的回波最高，调节衰减器旋钮，使孔波达到基准高度，记下此时衰减器的读数 $N_x$。探伤灵敏度限差为 $|N_x - N|$。

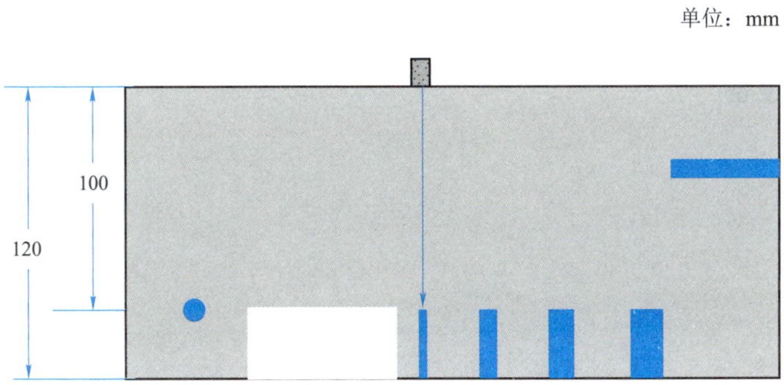


图 8-6　探头置于工件 MH 试块的探测面上

### 5. 考核标准

（1）操作方法和步骤正确。

（2）经验证，调整后的灵敏度误差值在 −3～3 dB 以内。

### 6. 拓展练习

用 CS-1-5 试块校正探伤灵敏度，使能检测出厚度为 150 mm 锻件中的$\phi$2 当量平底孔缺陷，需做声程补偿______dB；若用工件大平底校正探伤灵敏度，使能检测出厚度为 150 mm 锻件中的$\phi$2 当量平底孔缺陷，需补偿______dB。

## 数字资源

扫描下方二维码获取本部分内容数字学习资源。

## 实训报告

### 1. 基本信息

实训名称：________________________ 日期：_____年____月____日

姓名：________________________ 学号：________________

班级：________________________ 组别：________________

### 2. 实训目的

### 3. 实训设备

### 4. 操作步骤

（1）用 CS-1-5 试块校正探伤灵敏度的操作步骤。

（2）用大平底校正探伤灵敏度的操作步骤。

### 5. 数据及结论

1）用 CS-1-5 试块校正探伤灵敏度的数据及结论

$\Delta N = 20\lg\dfrac{p_1}{p_2} \approx$ _______dB，即仪器的衰减器值要增大_______dB，$N=N_0+\Delta N=$ _______dB，再调节衰减器旋钮，使仪器衰减器的读数为 $N$ 值。此时仪器的探伤灵敏度为$\phi2\times100$ mm，校正完毕。前后左右移动探头，使$\phi2\times100$ mm 孔波的回波最高，调节衰减器旋钮，使孔波达到基准高度，记下此时衰减器的读数 $N_x$=______dB。探伤灵敏度限差=$|N_x-N|$=______dB≤3 dB。

结论：________________________________。

2）用大平底校正探伤灵敏度的数据及结论

根据平底孔对大平底的相对分贝差公式（$d$ 为平底孔的直径，$b$ 为平底孔距探头的距离，$\lambda$ 为波长，$a$ 为大平底距探头的距离）：

$$\Delta N = 20\lg\frac{\pi d^2 b}{2\lambda a^2} = 20\lg\frac{3.14\times 2^2\times 100}{2\times 2.36\times 100^2} \approx \_\_\_\_\_\_ \text{dB}$$

$\phi 2\times 100$ mm 基准波高比大平底的回波低________dB，此时仪器的衰减器的读数要减小_________dB，记下 $N=N_0+\Delta N=$__________dB，并调节衰减器旋钮，使仪器衰减器的读数为 $N=$_______dB。此时仪器的探伤灵敏度为$\phi 2\times 100$ mm，校正完毕。前后左右移动探头，使$\phi 2\times 100$ mm 孔波的回波最高，调节衰减器旋钮，使孔波达到基准高度，记下此时衰减器的读数 $N_x=$_______dB。探伤灵敏度限差=$|N_x-N|=$___________dB≤3 dB。

结论：____________________________________。

6. 考核评价

## 随堂小测

1.（　　）需要对灵敏度进行换算。

A. 手头没有和灵敏度当量相同的试块时

B. 任何时候都

C. 对灵敏度调整结果进行检验时

D. 有灵敏度当量相同的试块时

2. 在探伤时灵敏度过高会出现（　　）。

A. 杂波过高，缺陷误判　　B. 杂波过高，缺陷漏检

C. 回波过低，缺陷误判　　D. 回波过低，缺陷漏检

3. 校正探伤灵敏度为$\phi 2\times 100$ mm 平底孔时适合探测（　　）的缺陷。

A. 深度在 100 mm 以内的小于$\phi 2$ 的平底孔

B. 深度在 100 mm 以内的大于$\phi 2$ 的平底孔

C. 深度在 100 mm 以内的小于$\phi 2$ 的球孔

D. 深度在 100 mm 以内的大于$\phi 2$ 的球孔

4. 关于用 CS–1–5 试块进行灵敏度调整，以下说法不正确的是（　　）。

A. 只能用它调节灵敏度

B. 因为手头没有灵敏度当量的反射体

C. 也可以选取其他合适的试块

D. CS–1–5 试块是灵敏度试块

# 实训项目 9　延伸度法测长实验

## 知识概要

大于声束截面的缺陷常采用延伸度法进行定量。在标准规定的探伤灵敏度下测长称为绝对灵敏度法；以该缺陷的最高波为基准测长称为相对灵敏度法。在直射法中最常用的相对灵敏度法是 6 dB 法（半波高度法），该测量方法用缺陷波高下降 6 dB 时探头中心线在缺陷两端点间的移动距离来表示缺陷的指示长度。

一般来说，相对灵敏度法测得的指示长度与缺陷的实际长度比较接近，绝对灵敏度法测得的指示长度有利于反映缺陷的危害程度，都是检测标准中常用的。

## 学习目标

掌握用延伸度法测量缺陷的指示长度。

## 基础知识

声压的分贝表示：

$$\varDelta=10\cdot\lg\frac{I_1}{I_2}=20\lg\frac{p_1}{p_2}(\text{dB})$$

回波高度的分贝表示：

$$\frac{p_1}{p_2}=\frac{H_1}{H_2}$$

对于垂直线性良好的仪器，声压与回波高度成正比，即

$$\varDelta=20\cdot\lg\frac{H_1}{H_2}(\text{dB})$$

## 操作指南

### 1. 所需设备

操作所需的仪器设备及材料见表 9-1。

### 2. 技术指标

（1）用相对灵敏度 6 dB 法测 MH 试块中的钻孔深度

（2）用绝对灵敏度 6 dB 法测 MH 试块中的钻孔深度。

表 9-1 仪器设备及材料

| 序号 | 仪器设备及材料 | 数量 |
|---|---|---|
| 1 | CTS-22 型仪器 | 1 |
| 2 | CSK-IA 试块 | 1 |
| 3 | CS-1-5 试块 | 1 |
| 4 | 多孔试件（MH） | 1 |
| 5 | 2.5 MHz 直探头 | 1 |
| 6 | 机油 | 适量 |

### 3. 用相对灵敏度 6 dB 法测 MH 试块中的钻孔深度操作步骤

（1）将扫描量程调到 50 mm 挡，抑制旋钮关，增益旋钮置于适当位置，工作方式置于 2 挡。

（2）将探头置于 CSK-IA 试块深 25 mm 的探测面上，调出 4 次底波，测距校准为全量程表示钢中纵波 100 mm 声程，如图 9-1、图 9-2 所示。

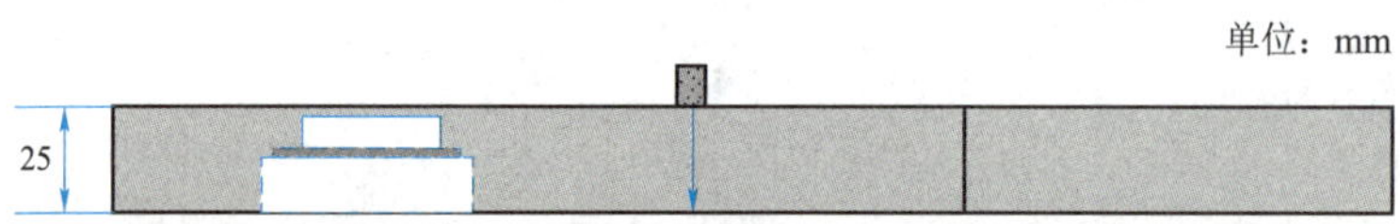


图 9-1 探头置于 CSK-IA 试块深 25 mm 大平底探测面上

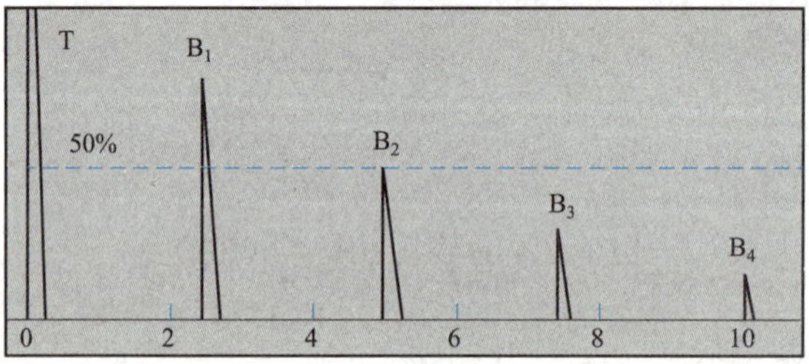


图 9-2 4 次底波示意图

（3）把探头放在 MH 试块 $\phi 2 \times 50$ mm 孔上方，如图 9-3 所示。

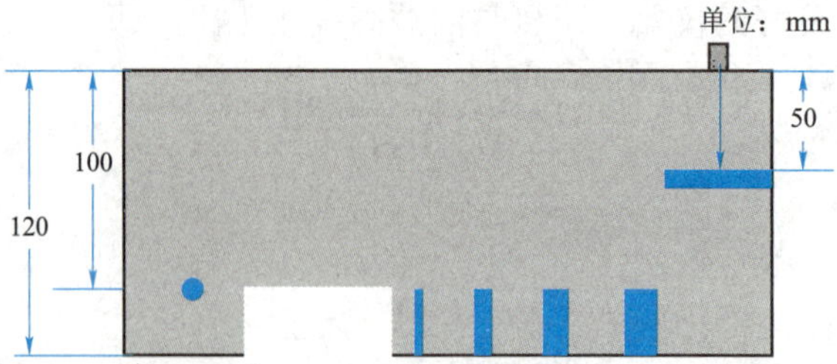


图 9-3 探头放在 MH 试块 $\phi$ 2 X50 mm 孔上方示意图

（4）找到孔波后，左右移动探头使孔波最高，再调节衰减器旋钮使孔波达到基准波高，记录 $N_x$。

（5）将衰减器增益 6 dB（分贝值减小），如图 9-4 所示。

（6）探头向孔深处移动，直至孔波降至基准波高，如图 9-5 所示。

（7）用尺子测主孔的边缘至探头的距离 $L_{测}$，条状缺陷用相对灵敏度 6 dB 法测长

$L_x$（$L_x=L_{测}+D/2$，$D$ 为探头实测的直径）。

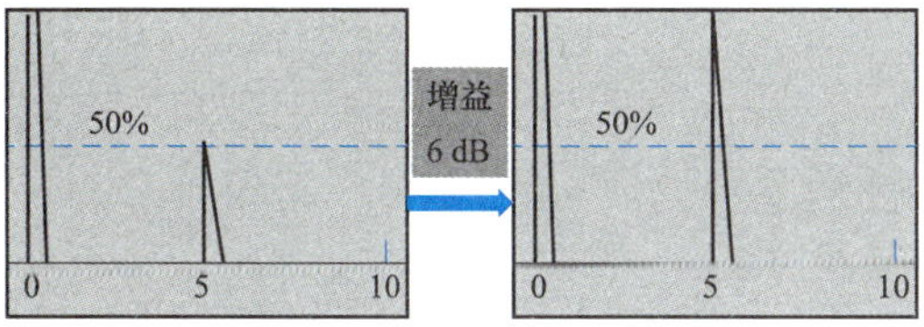


图 9-4 波形变化示意图

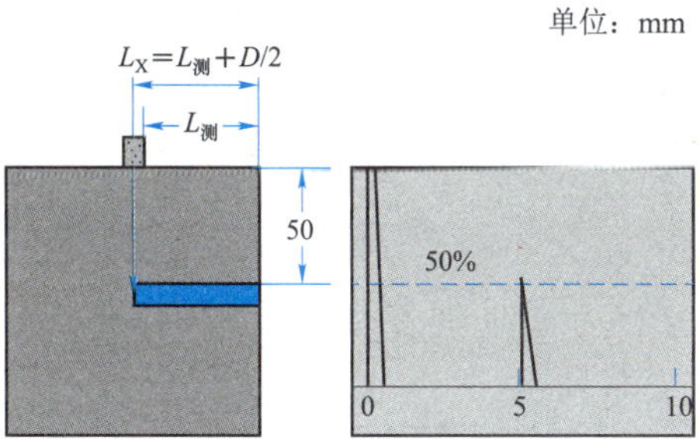


图 9-5 探头移动基准波高示意图

### 4. 用绝对灵敏度 6 dB 法测 MH 试块中的钻孔深度操作步骤

探伤灵敏度校正至$\phi 2\times 100$ mm 横孔波高 50%，增益 6 dB，探头在孔上方前后移动，逐步移向钻孔深处，使波高下降至 50%，测得 $L_x$（$L_x=L_{测}+D/2$，$D$ 为探头实测的直径）。

### 5. 测量数据分析（见表 9-2）

表 9-2 测量数据

| $D$/mm | $L_{测}$（相对）/mm | $L_{测}$（绝对）/mm | $L_x$（相对）/mm | $L_x$（绝对）/mm | $L$（实测）/mm |
|---|---|---|---|---|---|
| | | | | | |

### 6. 比较相对灵敏度 6 dB 法与绝对灵敏度 6 dB 法的测量结果

对相对灵敏度 6 dB 法与绝对灵敏度 6 dB 法的数据进行比较，对得出的结果进行分析。

### 7. 考核标准

（1）操作方法和步骤正确。

（2）经测量的长度误差值在−1～1 mm 以内。

## 数字资源

扫描下方二维码获取本部分内容数字学习资源。

## 实训报告

### 1. 基本信息

实训名称：______________________ 日期：______年____月____日

姓名：__________________________ 学号：________________

班级：__________________________ 组别：________________

### 2. 实训目的

### 3. 实训设备

### 4. 操作步骤

（1）用相对灵敏度 6 dB 法测 MH 试块中的钻孔深度操作步骤。

（2）用绝对灵敏度 6 dB 法测 MH 试块中的钻孔深度操作步骤。

### 5. 数据及结论

1）用相对灵敏度 6 dB 法测 MH 试块中的钻孔深度数据及结论

用尺子测主孔的边缘至探头的距离 $L_{测}$=________，条状缺陷用相对灵敏度 6 dB 法测长 $L_x$=__________（$L_x=L_{测}+D/2$，$D$ 为探头实测的直径）。

2）用绝对灵敏度 6 dB 法测 MH 试块中的钻孔深度数据及结论

探伤灵敏度校正至$\phi2\times100$ mm 横孔波高 50%，增益 6 dB，探头在孔上方前后移动，逐步移向钻孔深处，使波高下降至 50%，测得 $L_x$=__________（$L_x=L_{测}+D/2$，$D$ 为探头实测的直径）。

3）比较相对灵敏度 6 dB 法与绝对灵敏度 6 dB 法的测量结果

表 9-3 测量数据

| $D$/mm | $L_{测}$（相对）/mm | $L_{测}$（绝对）/mm | $L_x$（相对）/mm | $L_x$（绝对）/mm | $L$（实测）/mm |
|---|---|---|---|---|---|
| | | | | | |

数据比较：

______________________________________________________________

______________________________________________。

结果分析：

______________________________________________________________

______________________________________________。

## 6. 考核评价

## 随堂小测

1. 绝对灵敏度 6 dB 法测长理论上比相对灵敏度 6 dB 法测长的结果（　　）。
   A. 更短，因为一般探伤灵敏度的尺寸比缺陷实际尺寸更大
   B. 更短，因为一般探伤灵敏度的尺寸比缺陷实际尺寸更小
   C. 更长，因为一般探伤灵敏度的尺寸比缺陷实际尺寸更大
   D. 更长，因为一般探伤灵敏度的尺寸比缺陷实际尺寸更小
2. 6 dB 法测长为什么要求波高释放 6 dB 而不是 4 dB 或 8 dB？（　　）
   A. 回波降低 6 dB 代表超声波覆盖一半缺陷，代表声束轴线探测到边缘
   B. 回波升高 6 dB 代表超声波覆盖一半缺陷，代表声束轴线探测到边缘
   C. 回波降低 6 dB 代表超声波不再覆盖缺陷，代表声束轴线探测到边缘
   D. 回波升高 6 dB 代表超声波不再覆盖缺陷，代表声束轴线探测到边缘
3. 6 dB 法测长又叫作（　　）。
   A. 延伸度法测长　　B. 绝对灵敏度法测长
   C. 相对灵敏度法测长　　D. 脉冲反射法测长

# 实训项目10　工件综合探伤作业

## 任务要求

（1）用 CS-1-5 试块的平底孔或 MH 试块的大平底（测距为 120 mm）校正探伤灵敏度，使能检测出 MH 锻件中当量平底孔的缺陷。

（2）自选试块，校正仪器的测量距离。

（3）用相对灵敏度 6 dB 法测量 MH 试块中各“条状缺陷”和“面状缺陷”的指示长度。

（4）根据测得的缺陷回波高度与探伤灵敏度或基准灵敏度的差值，用“计算法”计算 MH 试块中“点状缺陷”的当量平底孔直径和“条状缺陷”的当量长横孔直径。

（5）编写报告。

## 学习目标

（1）掌握直射法探伤的全过程。

（2）掌握用计算法测定缺陷的当量尺寸。

（3）掌握记录及探伤报告的填写方法。

## 操作指南

### 1. 所需设备

操作所需的仪器设备及材料见表 10-1。

表 10-1　仪器设备及材料

| 序号 | 仪器设备及材料 | 数量 |
| --- | --- | --- |
| 1 | CTS-22 型仪器 | 1 |
| 2 | CSK-IA 试块 | 1 |
| 3 | CS-1-5 试块 | 1 |
| 4 | 多孔试件（MH） | 1 |
| 5 | 2.5 MHz 直探头 | 1 |
| 6 | 机油 | 适量 |

### 2. 技术指标

（1）工件名称：MH 试块。

（2）工件尺寸（长×宽×高）：220 mm×40 mm×120 mm。

（3）材质：45#钢；耦合剂：机油。

（4）探伤法：直射法。

（5）技术要求：指出 120 mm 厚 MH 试块中$\phi$2 当量平底孔缺陷。

（6）定量标准：大于或等于$\phi$2 当量平底孔直径。

（7）判废标准：大于$\phi$2.8 或指示长度≥20 mm。

### 3. 用相对灵敏度 6 dB 法测 MH 试块中的钻孔深度操作步骤

（1）记下仪器型号、探头规格和工件尺寸（长×宽×高）。

（2）接上探头，开机，调节水平位移，使始脉冲在 0 刻度附近。

（3）根据被测试件高度（120 mm）来校正测量距离（既要满足工件的高度，又要考虑到探伤灵敏度调整的需要），测量距离校正为仪器满刻度表示钢中纵波 200 mm 声程。用 100 mm 深底面回波校正，如图 10-1 和图 10-2 所示。

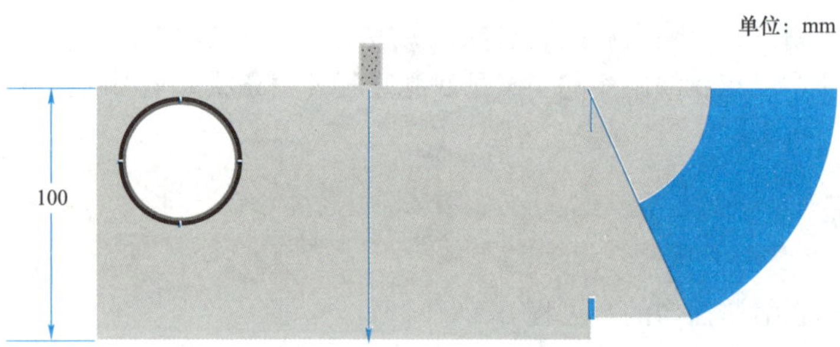


图 10-1　使用 CSK-IA 试块校正测量距离

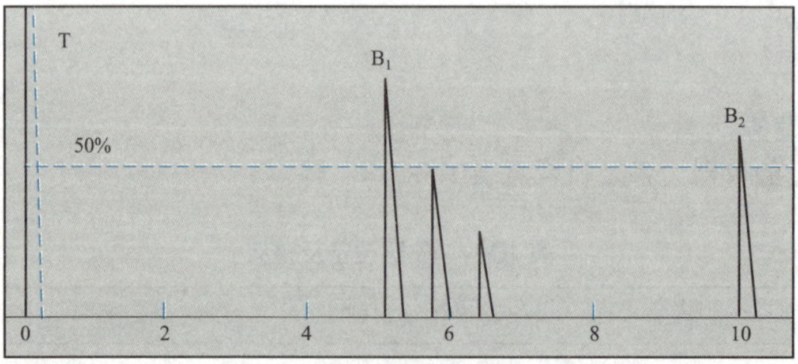


图 10-2　使用 CSK-IA 试块校正测量距离波形显示

注意：水平位移旋钮和扫描细调旋钮不能再动。

（4）灵敏度校正。要按技术条件要求调节探伤灵敏度：探伤灵敏度为$\phi$2×120 mm，可用灵敏度试件$\phi$2×200 mm 或大平底试块校正，任选一种。

（5）用 CS-1-5（$\phi$2×200 mm）试块校正：将探头放在 CS-1-5 试块中心上，调节衰减器旋钮，$\phi$2×200 mm 孔波应出现在屏幕第 10 格上，移动探头，使$\phi$2×200 mm 孔波的回波达到最高，如图 10-3 所示。

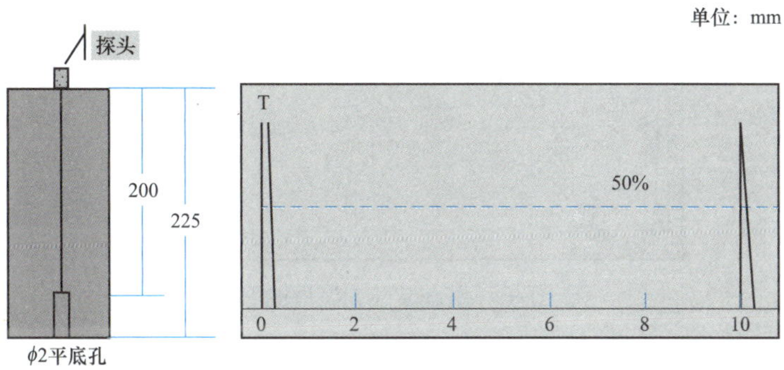


图 10-3　使用 CS-1-5 试块校正测量距离波形显示

调节衰减器旋钮、增益旋钮、发射强度旋钮，使$\phi$2×200 mm 孔波为基准波高度（50%或 80%），记下此时衰减器的读数 $N_0$（图 10-4 中基准波高为 80%）。

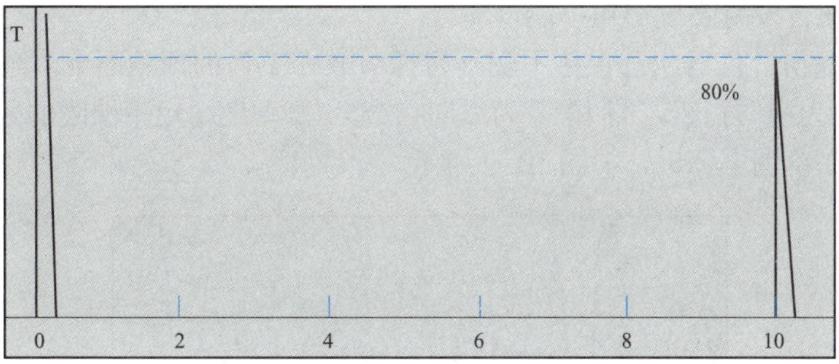


图 10-4　基准波高为满屏的 80%

由$\phi$2×200 mm 灵敏度校正到探伤灵敏度$\phi$2×120 mm。由于

$$\Delta N = 20\lg\frac{200^2}{120^2} \approx 9\text{ dB}$$

所以探伤灵敏度 $N=N_0+\Delta N$。记录并将衰减器读数调至 $N$ 值，一般将 $N$ 值调节在 40～50 dB 之间，这样有利于大缺陷的测量。

（6）用大平底（120 mm）校正：将探头放在 MH 试块深 120 mm 的大平底探测面上，如图 10-5 所示。

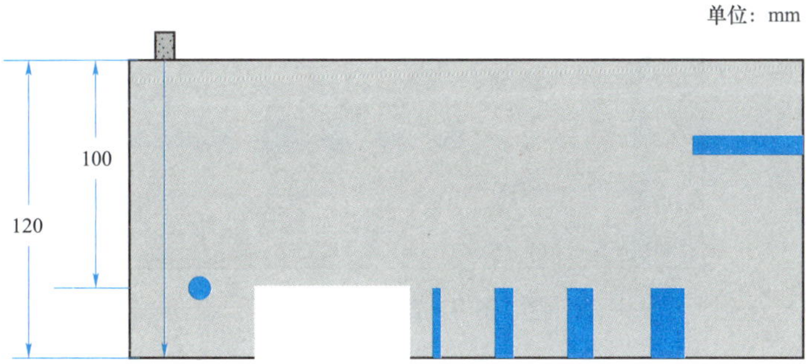


图 10-5　探头置于深 120 mm 的大平底探测面上

调节衰减器旋钮、增益旋钮、发射强度旋钮，使回波高度为基准波高（50%或 80%），记下此时衰减器的读数 $N_0$（图 10-6 中基准波高为 50%）。

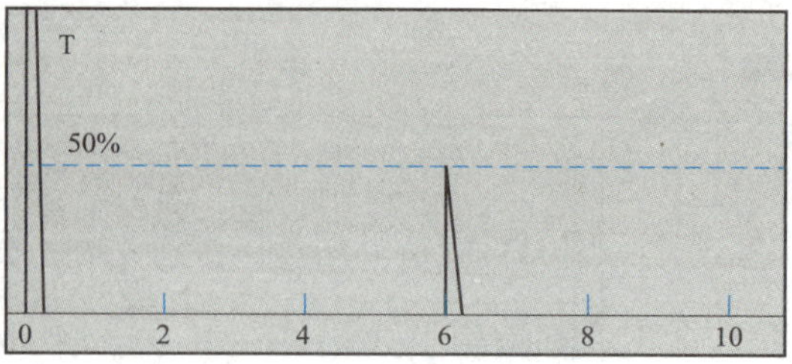


图 10-6　基准波高为满屏的 50%

由大平底的灵敏度校正为$\phi 2\times120$ mm 平底孔灵敏度：

$$\Delta N = 20\lg\frac{\pi d^2}{2\lambda X}\approx -33\,\text{dB}$$

即探伤灵敏度为 $N(=N_0+\Delta N)$，记录并将衰减器读数调到 $N$ 值。灵敏度校正完毕，仪器的增益旋钮、发射强度旋钮不能再动。

（7）粗探伤。仪器状态保持不变，将探头放在工件的探测面上，全面扫查探测面（图 10-7 为横向扫查，图 10-8 为纵向扫查），画草图，记下缺陷的数目，并辨别缺陷形状，在草图上标记，如图 10-9 所示。

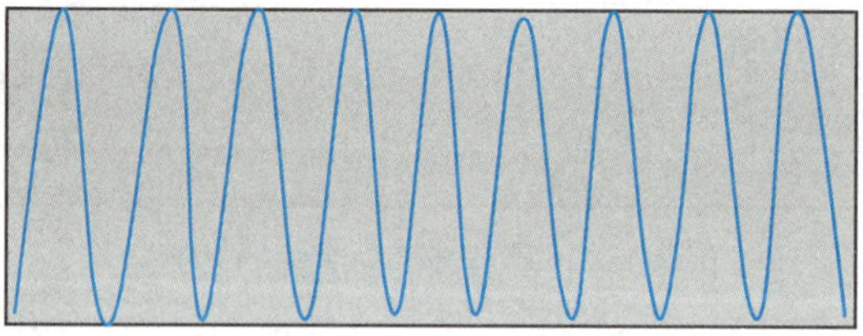

图 10-7　横向扫查

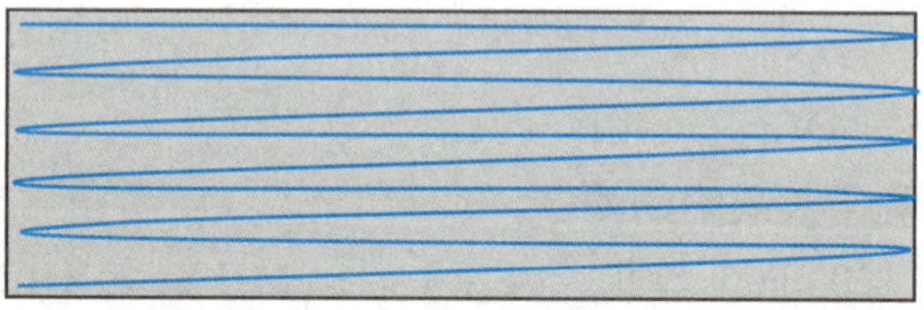

图 10-8　纵向扫查

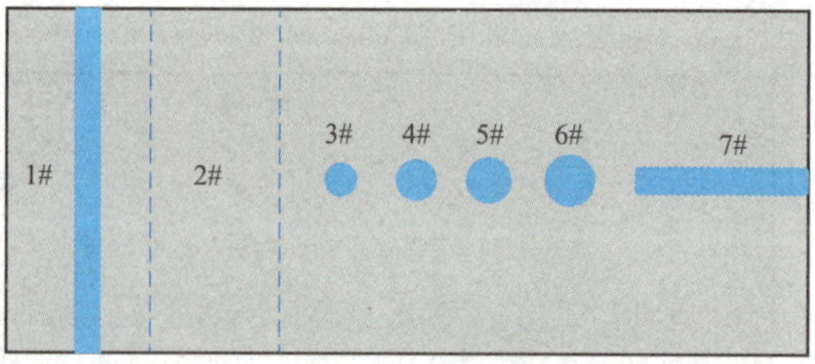


图 10-9　草图标记样式

（8）精探伤。

① 列检测数据记录表（见表 10-2）。

$N_x$（dB）：缺陷波最高回波高度为基准波高时的分贝值。

$H_x$（mm）：缺陷波的声程或缺陷埋藏深度（由水平刻度读出）。

$X_x$（mm）：用尺子测量缺陷在工件探测面上的横向位置。

$Y_x$（mm）：用尺子测量缺陷在工件探测面上的纵向位置。

$L_x$（mm）：条状缺陷 6 dB 法测长的指示长度，$L_x = L_{测} + D/2$。

表 10-2 检测数据记录表

| 编号 | 1# | 2# | 3# | 4# | 5# | 6# | 7# |
|---|---|---|---|---|---|---|---|
| 缺陷形状 | | | | | | | |
| $N_x$/dB | | | | | | | |
| $H_x$/mm | | | | | | | |
| $X_x$/mm | | | | | | | |
| $Y_x$/mm | | | | | | | |
| $L_x$/mm | | | | | | | |

② 缺陷在探测面上的标定。

缺陷在探测面上的标定如图 10-10 所示，测量的参考边要固定。

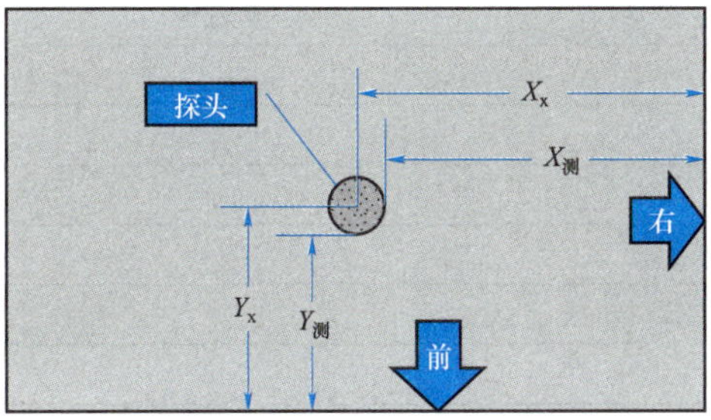


图 10-10 缺陷在探测面上的标定

横向位置：$X_x = X_{测} + D/2$

纵向位置：$Y_x = Y_{测} + D/2$

③ 重要提示。

a）逐次对每个缺陷进行测量，每个缺陷测 4 组数据。

b）在每个缺陷探伤过程中只能调节衰减器。

c）每次探测完一个缺陷，只恢复探伤灵敏度，即衰减器读数要恢复到 $N$ 值。

④ 仪器在探伤灵敏度（$\phi 2 \times 120$ mm）状态，找到一个缺陷（若缺陷波高饱和，调节衰减器旋钮使波高降低），前后左右移动探头，找到缺陷波最高回波，调节衰减器旋钮，使波高为基准波高（50%或 80%）。

⑤ 从仪器上读得缺陷波前沿的刻度 $H_x$，记下衰减器的读数 $N_x$。

⑥ 点状缺陷：用尺子测量探头在探测面上的位置 $X_{测}$、$Y_{测}$。

⑦ 条状缺陷（见图 10-11）。

若 $X$ 方向是条状，用 6 dB 法测得 $L_{测}$，仅量取 $Y_{测}$。

若 $Y$ 方向是条状，用 6 dB 法测得 $L_{测}$，仅量取 $X_{测}$。

⑧ 记录 $H_x$、$N_x$，在草图上标明 $X_{测}$、$Y_{测}$和 $L_{测}$。

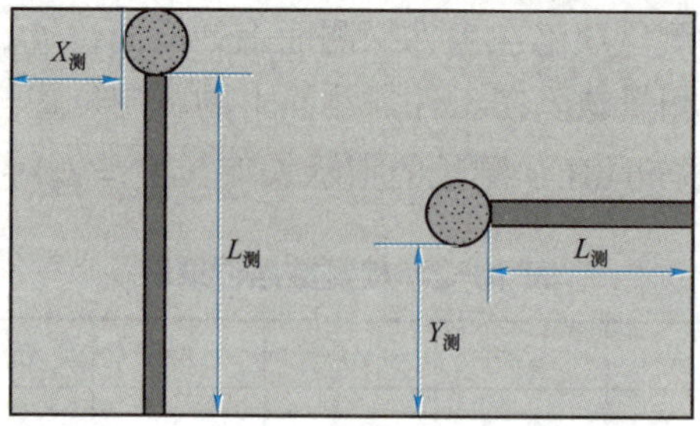


图 10-11　条状缺陷在探测面上的标定

⑨ 恢复探伤灵敏度 $N$，再测下一个缺陷。

（9）编制探伤报告。

① 阅读技术文件，填写探伤基本信息，按报告要求填写各项内容。

整理数据，计算点状缺陷当量，根据判废标准判定结果，并编制探伤报告，计算过程及结果填入表 10-3 中。

表 10-3　当量计算过程表

| 编号 | 当量计算过程 |
|---|---|
| | |
| | |
| | |
| | |
| | |
| | |
| | |

② 绘制示意图。绘制缺陷在工件探测面上的位置俯视图，并在图中标明 $X_x$、$Y_x$。

### 4. 考核标准

（1）操作方法和步骤正确。

（2）找出试块中全部伤损。

（3）缺陷位置误差值在−1～1 mm 以内。

（4）缺陷深度误差值在−1～1 mm 以内。

（5）点状缺陷尺寸误差值在−3～3 mm 以内。

（6）条状缺陷长度误差值在−2～2 mm 以内。

## 数字资源

扫描下方二维码获取本部分内容数字学习资源。

# 实训报告

## 1. 基本信息

实训名称：________________________ 日期：______年____月____日

姓名：__________________________ 学号：________________

班级：__________________________ 组别：________________

## 2. 实训目的

## 3. 实训设备

## 4. 探伤报告

<table>
<tr><td>工件名称</td><td colspan="2"></td><td>材质</td><td></td></tr>
<tr><td>工件尺寸</td><td colspan="2"></td><td>耦合剂</td><td></td></tr>
<tr><td>仪器型号</td><td colspan="2"></td><td>探头规格</td><td></td></tr>
<tr><td>探伤方法</td><td colspan="2"></td><td>测量距离校正</td><td></td></tr>
<tr><td>探伤灵敏度</td><td colspan="4"></td></tr>
<tr><td rowspan="2">定量方法</td><td>点状缺陷</td><td colspan="3"></td></tr>
<tr><td>条状缺陷</td><td colspan="3"></td></tr>
<tr><td colspan="5">定量标准：大于或等于$\phi 2$当量平底孔；<br>判废标准：大于$\phi 2.8$或指示长度大于或等于 20 mm</td></tr>
</table>

| 记录 | | | | | | | |
|---|---|---|---|---|---|---|---|
| 编号 | 缺陷形状 | $H_x$/mm | $N_x$/dB | $\Delta$/dB | $L_x$/mm | 缺陷尺寸/mm | 判定结果 |
| 1# | | | | | | | |
| 2# | | | | | | | |
| 3# | | | | | | | |
| 4# | | | | | | | |
| 5# | | | | | | | |
| 6# | | | | | | | |
| 7# | | | | | | | |
| 图示 | | | | | | | |

### 5. 考核评价

## 随堂小测

1. 综合探伤实验为什么将测量距离校正为钢中纵波 200 mm？如果有与灵敏度当量完全一致的试块，可以直接进行灵敏度校正，无需换算，你想将测量距离校正为多少？（ ）

A. 为利用 CS−1−5 试块调整灵敏度，便于观察回波；120 mm

B. 为利用 CS−1−5 试块调整灵敏度，便于观察回波；100 mm

C. 为利用 CS−1−5 试块调整灵敏度，便于观察回波；200 mm

D. 根据探测需要，必须校正为 200 mm

2. 综合探伤实验探伤灵敏度为什么没有调整为所探测的最小缺陷$\phi2\times100$ mm，而是调整为$\phi2\times120$ mm 平底孔？（ ）

A. 灵敏度应比所探测的最小缺陷更深一些

B. 灵敏度是人为定义的，没有什么理由

C. 灵敏度一般应以试块最大深度上要探测的最小缺陷为准

D. 调整灵敏度到$\phi2\times100$ mm 也可以

3. 在粗探伤过程中是如何区分条状缺陷和点状缺陷的？（ ）

A. 前后左右移动探头，若一个方向上波高变化不大，则为条状

B. 前后左右移动探头，若一个方向上波高变化较大，则为条状

C. 前后左右移动探头，若一个方向上波高变化较大，则为点状

D. 前后左右移动探头，若一个方向上波高变化不大，则为点状

4. 当量计算中的$\Delta$是（ ）。

A. 被测缺陷最高回波状态下的衰减器读数

B. 灵敏度分贝数

C. 灵敏度分贝数与被测缺陷最高回波状态下的衰减器读数之差

D. 被测缺陷最高回波状态下的衰减器读数与灵敏度分贝数之差

# 第二部分

# 钢轨母材探伤

## 实训项目 11　认识钢轨探伤仪

### 知识概要

GCT−8C 钢轨探伤仪是手推车式数字式钢轨超声波探伤仪，执行《多通道 A 型显示钢轨超声波探伤仪技术条件》（TB/T 2340—2000），适于探测国产和进口的 43～75 kg/m 钢轨母材中存在的各种缺陷。该仪器有一个主机、超声波探头和装耦合剂的水箱，这 3 部分都安装在探伤手推车上。

### 学习目标

（1）了解 GCT−8C 钢轨探伤仪的结构组成。

（2）掌握 GCT−8C 钢轨探伤仪的操作方法。

### 基础知识

GCT−8 C 钢轨探伤仪具有 9 个探测通道，其中 0° 通道 1 个，37° 通道 2 个（前 37°、后 37°），70° 通道 6 个（前 70°、后 70°、前内 70°、前外 70°、后内 70°、后外 70°）。该仪器可自动全程记录探伤数据（作业路线、探伤速度、时间、报警情况、灵敏度等），可连续记录、保存 60 天的探伤数据，也可人工（手动）存储探伤数据。探伤作业记录的数据可以通过配套的播放软件进行连续播放和分析。

该仪器配有 8.4 寸彩色漫反射显示屏，屏幕尺寸大，可以显示 2.2 m 以上的 B 型图像；亮度高，无需遮光罩，可在阳光下清晰地显示图像，各个通道的 A 型脉冲和 B 型图像用不同颜色分开，便于观察。A 型脉冲和 B 型图像同屏同步显示。该仪器有 A 型脉冲显示、B 型图像显示两个区域，工作时互不干扰。显示屏还有两个参数区，可以显示作业参数和动态参数。

该仪器配有 40 个触摸键，操作十分简便，主要功能（灵敏度、报警开关、轨型选择、导出文件、里程校对等）能一键操作，节省了操作时间。该仪器具有探头自动检测功能，探伤作业中如果探头发生故障，可在 3 m 内发出提示报警。该仪器还可以监控超声波探头是否与钢轨耦合良好，并通过回放软件判定现场探伤人员设定的灵敏度是否正常。

该仪器的环境适应性好，可在−30～50℃环境下工作。

## 操作指南

### 1. 所需设备

操作所需的仪器设备及材料见表 11−1。

表 11−1 仪器设备及材料

| 序号 | 仪器设备及材料 | 数量 |
|---|---|---|
| 1 | GCT−8C 钢轨探伤仪 | 1 |
| 2 | 耦合水 | 适量 |
| 3 | U 盘 | 1 |

### 2. 认识钢轨探伤仪实操步骤

（1）观察仪器结构（见图 11−1）。

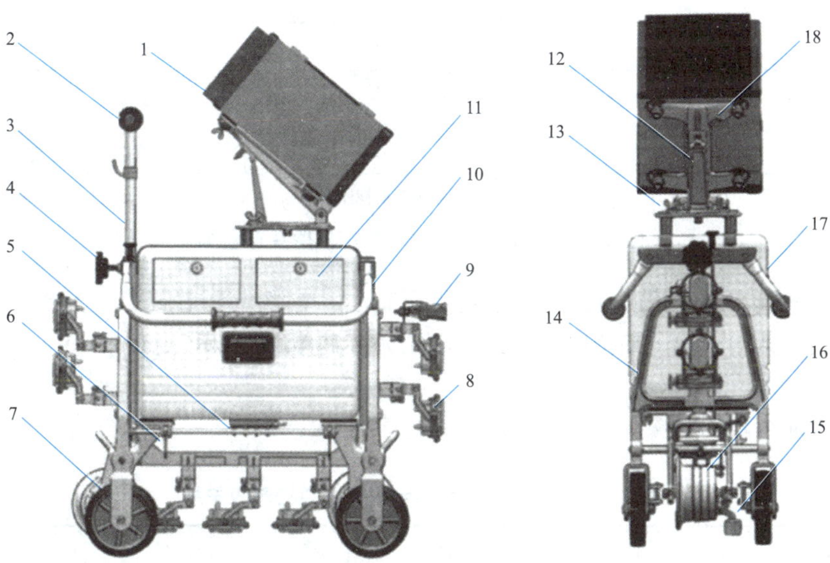


1—主机；2—标记键；3—推手；4—推手紧固螺丝；5—水阀；6—翻板挂钩；7—橡胶轮；8-探头及探头架；9—水刷；10—抬手；11—工具箱；12—俯仰紧固螺丝；13—旋转紧固螺丝；14—翻板；15—侧轮；16—尼龙轮；17—抬手；18—主机固定螺丝。

图 11−1 GCT−8 C 钢轨探伤仪结构

（2）认识仪器面板（见图 11-2）。

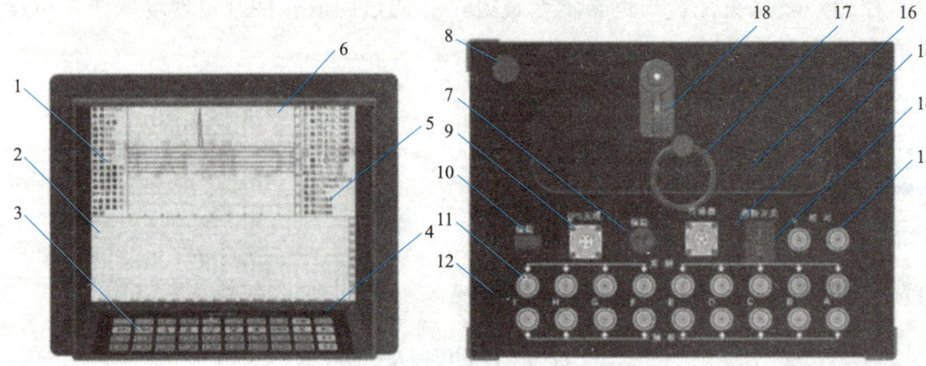


1—设置参数区；2—B 型图像区；3—键盘；4—电源指示灯；5—动态参数区；6—A 型显示区；7—保险管；8—标记键插口；9—GPS 天线接口；10—USB 接口；11—探头插座；12—机芯固定螺丝孔；13—校对插座；14—校对开关；15—传感器接口；16—电池；17—电池拉环；18—电池固定栓。

图 11-2　GCT-8C 钢轨探伤仪面板

（3）认识仪器探头布置（见图 11-3）。

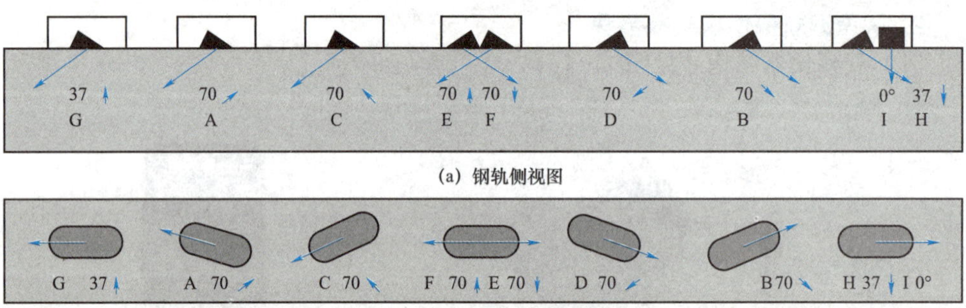


(a) 钢轨侧视图

(b) 轨头侧视图

图 11-3　GCT-8C 钢轨探伤仪探头布置图

该仪器具有 9 个探测通道，为了使界面简洁，使用 6 条扫描线，70° 探头每两个探头共用一条扫描线，扫描线从上到下分别为：1-A、B，2-C、D，3-E、F，4-G，5-H，6-I。

探测通道代码与探头通道的对应关系见表 11-2。

表 11-2　探测通道代码与探头通道的对应关系

| 通道代码 | A | B | C | D | E | F | G | H | I |
|---|---|---|---|---|---|---|---|---|---|
| 探头通道 | 70↗ | 70↘ | 70↖ | 70↙ | 70↑ | 70↓ | 37↑ | 37↓ | 0 |

（4）认识仪器键盘（见图 11-4）。

GCT-8C 钢轨探伤仪共有 40 个键，常用功能可以用一键完成，具体按键功能见表 11-3。

图 11-4　GCT-8C 钢轨探伤仪键盘

表 11-3　按键功能表

| 按键 | 功能作用 |
| --- | --- |
| A+　A- | 调节 A 通道的探伤灵敏度，步进为 0.5 dB。增益显示在显示屏右侧信息栏（按“A+”键提高灵敏度，按“A－”键减小灵敏度，以下各个通道的灵敏度调节类同） |
| B+　B- | 调节 B 通道的增益 |
| C+　C- | 调节 C 通道的增益 |
| D+　D- | 调节 D 通道的增益 |
| E+　E- | 调节 E 通道的增益 |
| F+　F- | 调节 F 通道的增益 |
| G+　G- | 调节 G 通道的增益 |
| H+　H- | 调节 H 通道的增益 |
| I+　I- | 调节 I 通道的增益 |
| GH←　GH→ | 调节 GH（37°）通道小闸门位置，按 GH→ 小闸门右移，按 GH← 小闸门左移 |
| GH⊣　GH⊢ | 调节 GH（37°）通道小闸门宽度，按 GH⊣ 小闸门宽度压缩，按 GH⊢ 小闸门宽度扩展 |

续表

| 按键 | 功能作用 |
|---|---|
|  | 同步调节 I（0°）通道两个小闸门位置，按小闸门右移，按小闸门左移 |
| 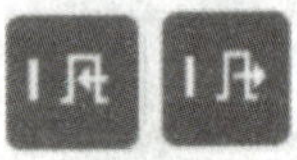 | 同步调节 I（0°）通道两个小闸门宽度，按小闸门宽度压缩，按小闸门宽度扩展 |
|  | A 型脉冲显示方式选择（抑制或通常），按该键时，显示屏左侧信息栏显示对应的信息：抑制开或抑制关，现场作业时一般应设置为抑制关 |
|  | 选择被检测的钢轨类型。该键是循环键，按该键时，左侧信息栏可以按照 43→50→60→75→43→50…显示方式转换。仪器根据操作者的设置，调整扫描、闸门等参数 |
|  | 反射式报警开启或关闭（循环键）。开启时，左侧信息栏显示“反射报警开”；关闭时，左侧信息栏显示“反射报警关” |
|  | 穿透式报警开启或关闭（循环键）。开启时，左侧信息栏显示“穿透报警开”；关闭时，左侧信息栏显示“穿透报警关” |
|  | 按即可开机，再次按即可关机 |
| ESC | 返回到上一级状态 |
| F1 ▲ | 标记键。无伤标记：当现场确认不是伤损的图像时，按一次 F1▲，仪器左侧信息栏标记后显示符号“*”。伤损标记：按 2 次 F1▲，显示“Δ”；按 3 次 F1▲，显示“ΔΔ”；按 4 次 F1▲，显示“ΔΔΔ”；按 5 次 F1▲，显示“ΔΔΔΔ”。回放时将显示对应的伤损标记类型 |
| F2 ▼ | 岔号录入键。现场探伤作业中遇到道岔时，按 F2▼，仪器左侧信息栏显示符号“C000”，再按 A+ A− 输入百位道岔号，按 B+ B− 输入十位道岔号，按 C+ C− 输入个位道岔号。随探伤小车前行，在 B 型显示区的下方显示“C×××”，表示操作完成。回放时将在此位置显示道岔号标记 |
| A ◀ | 进入 A 型扫描线单显示 |
| B ▶ | 进入 B 型图像拼图或单显示选择 |
| KM | 里程整公里校准。仪器显示的公里数可能与实际公里数存在误差，可以按 KM 进行一键校准，调整范围为−200～200 m；超过该范围时，需进入里程调节选项进行调整 |

续表

| 按键 | 功能作用 |
|---|---|
|  | 进入设置菜单，共有 3 级菜单 |
| USB | 向 U 盘导出文件 |
|  | 手工存储文件 |

注：表中带有“+”和“－”的键有单步和连续执行的区别。单步执行时：每按动一次（小于 2 s），增益增减 0.5 dB，闸门位置或宽度增减 1 mm；连续执行时：按键时间大于 2 s，增益或闸门位置、宽度快速变化（增益每秒增减 20 dB，闸门位置或宽度每秒增减 5 mm）。

（5）设置作业参数。

按  进入设置菜单，设置菜单有 3 页，可再次按动翻页。3 页菜单见图 11-5～图 11-7。

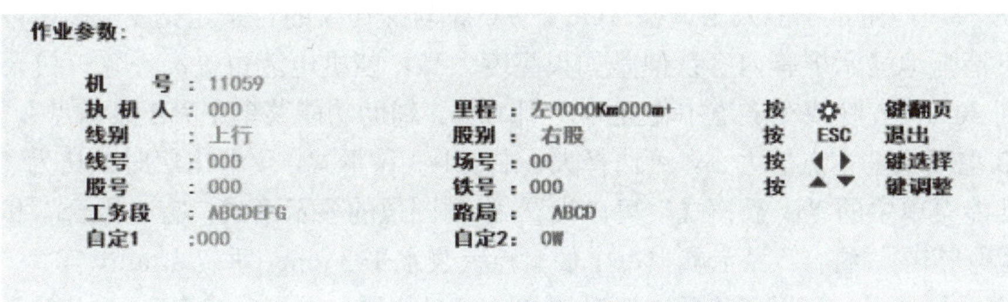


图 11-5 设置菜单第 1 页

设置菜单第 1 页用于设定作业参数，右侧是该页用到的按键及使用提示，一般无须设置。进入这页菜单，有一个闪烁的红色光标停留在执机人位置（默认位置）。下面以设置里程为例，说明设置方法：按 A◀ 或 B▶ 键将红色光标移动到里程的千位千米，按 F1▲ F2▼ 键到需要的数值，再按 B▶ 键将光标移动到百位千米，按 F1▲ F2▼ 键选择需要的数值，依次输入其后的十位千米、个位千米、百米、十米、米。其他参数输入方法类同。按 ESC 键退出设置，仪器自动保存设置的各项参数。

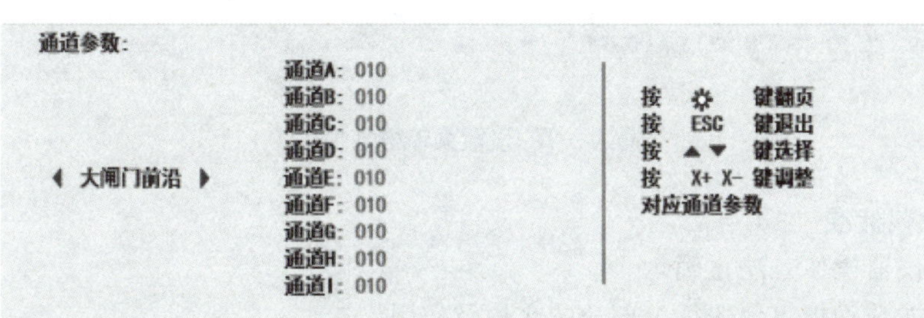


图 11-6 设置菜单第 2 页

设置菜单第 2 页提供了通道参数的调整，该页菜单共含有以下 9 个子菜单，可以通过 A◀ 键或 B▶ 键翻子页。

① 大闸门前沿。

② 大闸门后沿。

③ 声程：用于微调、校准声程。

④ 零点：用于微调零点。

⑤ 探头指向：用户可以根据自己的习惯设置某一通道的探头指向。

⑥ 小闸门 1 前沿：37° 通道的两个小闸门是同步调节的。

⑦ 小闸门 1 后沿：用于单独设定 G、H、I 通道的小闸门宽度。

⑧ 小闸门 2 前沿：仅用于 0° 通道，如果遇到特殊轨型，螺孔上沿到轨底的距离不符合 43 kg/m、50 kg/m、60 kg/m、75 kg/m 钢轨的距离，可以调整该项目。

⑨ 小闸门 2 后沿：用于单独设定 0° 通道第 2 个小闸门（右边的）的宽度。

以上各项调整后仪器可以自动保存。

辅助功能在设置菜单的第 3 页（按 2 次 ⚙ 键进入该界面），见图 11-7。各项目的选中、调整、执行见菜单的右侧提示，基本上与作业参数类同，但是经纬度数据由 GPS 模块产生，不能人工调整。GCT-8 C 钢轨探伤仪的背景光亮度较高，可以在阳光下清晰地显示屏幕内容；但是如果亮度太高，整机电流也提高，建议白天将亮度调到 30%，夜晚或在隧道中作业时调到 10%。辅助功能菜单中“B 显示点”，用于选择 B 型图像基本点的大小，可选择大、中、小 3 种形式，仪器出厂时默认为“大”。辅助功能菜单中的“B 显模式”可以设置 B 型图像的显示形式，有“组合”和“分解”两种形式。“组合”显示屏中每个像素点代表水平 3 mm、垂直 1 mm，70°、37°、0° 通道叠加显示，可以正确反映 3 种图像的相对位置，垂直分辨率高；“分解”显示屏中每个像素点代表水平 3 mm、垂直 3 mm，70°、37°、0° 通道分上、中、下 3 个区域独立显示，3 种图像互不干扰。

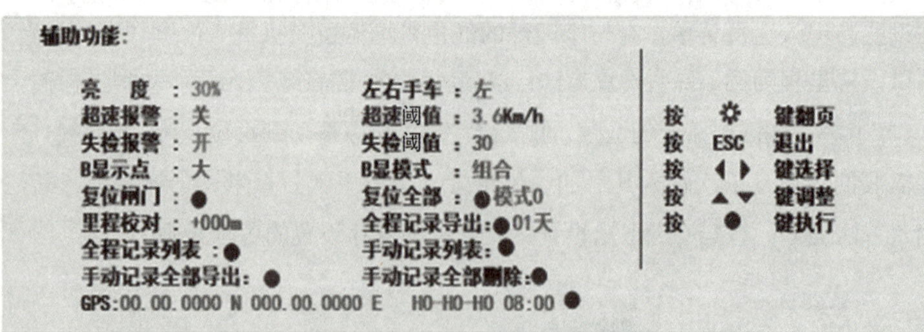


图 11-7　设置菜单第 3 页

### 3. 考核标准

（1）仪器操作方法正确。

（2）能准确指出仪器每个部分的名称及作用。

（3）熟知菜单参数的含义，能熟练应用、操作菜单。

（4）具有良好的职业沟通、协调、团队协作能力。
（5）具有安全与文明操作的意识。

## 数字资源

扫描下方二维码获取本部分内容数字学习资源。

## 实训报告

### 1. 基本信息

实训名称：________________________ 日期：_____年____月____日

姓名：________________________ 学号：________________

班级：________________________ 组别：________________

### 2. 实训目的

### 3. 实训设备

### 4. 操作步骤

### 5. 数据及结论

总结调整作业参数的注意事项和操作要点：

________________________________________________________________

________________________________________________________________。

### 6. 考核评价

## 随堂小测

1. GCT-8 C 钢轨探伤仪采用（　　）个探测通道。

A. 10　　B. 9　　C. 8　　D. 7

2. GCT 8 C 钢轨探伤仪的俯仰旋转托架通过（　　）固定。

A. 翻板挂钩　　B. 推手紧固螺丝

C. 俯仰紧固螺丝　　D. 旋转紧固螺丝

3. GCT-8 C 钢轨探伤仪的 9 个通道中有（　　）个 70° 通道。

A. 9　　B. 8　　C. 7　　D. 6

4. GCT-8 C 钢轨探伤仪不可扫查钢轨（　　）缺陷。

A. 轨头核伤　　B. 焊缝　　C. 轨腰伤损　　D. 螺孔裂纹

5. 手推式钢轨探伤仪适合探测（　　）中的各种缺陷。

A. 标准试块　　B. 母材　　C. 焊缝　　D. 轮对

# 实训项目 12 钢轨探伤仪 0° 探头 A 型显示探伤

## 知识概要

0° 探头放置在钢轨顶面中心，发射声束从轨面至轨底，能探测的区域为轨腰投影范围。它具有穿透和反射两种探伤功能。

用 0° 探头进行穿透式探伤时，由一个晶片发射的纵波从轨头经轨腰到轨底，被轨底面反射后，由另一个晶片接收，为了使轨底波不报警，仪器均用反报警小方门罩住轨底波。如果钢轨内有纵向裂纹和斜裂纹，超声波在传播过程中会改变方向，使探头接收不到轨底反射波而产生失底波报警现象。

用 0° 探头进行反射式探伤时，当遇有水平裂纹时，超声波在裂纹面上反射并被探头接收，显示屏上显示回波并报警。根据水平裂纹距轨面的深度，在基线上显示水平裂纹回波。

所以，0° 探头能探测轨头至轨底间的水平裂纹、纵向裂纹和斜裂纹。从理论上说，对于在轨腰投影范围内任何取向和性质的缺陷，只要对超声波传播有阻碍就都能被检出，但在实际探伤中由于外界原因和探伤方法的影响，检出纵向投影长度较小的缺陷有一定难度。0° 探头的 A 型显示出波规律较基础，学好 0° 探头的 A 型显示出波规律有利于后续 37° 和 70° 探头出波规律的掌握。

## 学习目标

（1）掌握 0° 探头的灵敏度调整方法。

（2）能够区分 0° 探头正常波形与伤损波形。

（3）能够通过伤损回波定位伤损。

## 基础知识

### 1. 灵敏度的调整

0° 探头灵敏度应使用 GTS-60 测试轨的 5 mm 螺孔水平裂纹进行校正，即找到螺孔水平裂纹的最高回波后将最高波调整为满屏的 80%。

但在实际探伤中由于现场条件限制，以及测试轨与探测轨表面状态的不同，经常采用轨底波最高波增益 6～10 dB 的方法调整基准灵敏度，并根据实际情况进一步进行微调。

### 2. 0° 探头的正常波形

当钢轨轨腰投影范围内无裂纹时，探头发射的超声波在轨底产生反射，A 型显示的显示屏对应基线刻度（声程 1∶2.5）50 kg/m 轨在 6.0 左右显示稳定的轨底波，

60 kg/m 轨在 7.0 左右显示稳定的轨底波。当探头检测有螺孔时，则螺孔波和轨底波会发生交替显示（见图 12–1）：轨底波（a）—轨底波和螺孔波（b）—螺孔波（c）—螺孔波和轨底波（d）—轨底波（e）。B 型显示在轨颚线下方，是呈两端稍倾的水平线（见图 12–2）。

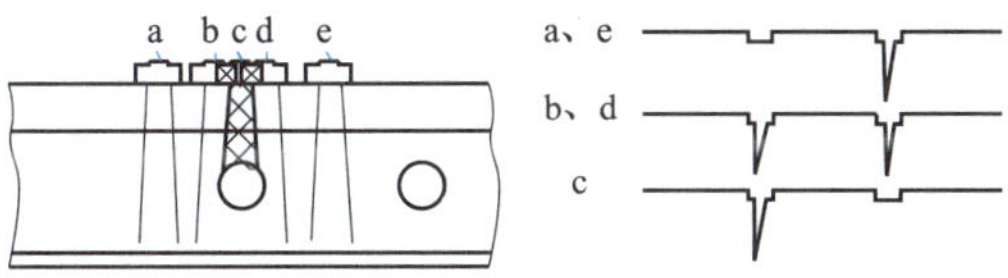


图 12–1　探头过螺孔时的 A 型显示

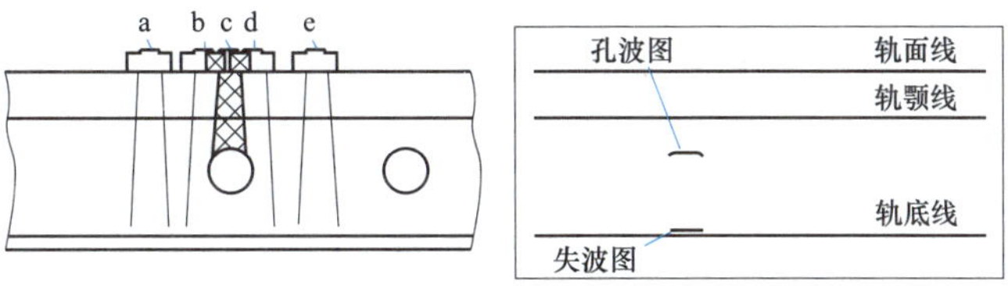


图 12–2　探头过螺孔时的 B 型显示

### 3. 0° 探头的伤损波形

0° 探头穿透式探伤和反射式探伤的判伤方式不同，穿透式探伤以失波报警来判定，反射式探伤以裂纹回波显示来判定。

## 操作指南

### 1. 所需设备

操作所需的仪器设备及材料见表 12–1。

表 12–1　仪器设备及材料

| 序号 | 仪器设备及材料 | 数量 |
| --- | --- | --- |
| 1 | GCT–8 C 钢轨探伤仪 | 1 |
| 2 | 耦合水 | 适量 |
| 3 | 伤损钢轨 | 适量 |
| 4 | 记录本 | 1 |
| 5 | 钢尺 | 1 |
| 6 | 卷尺 | 1 |
| 7 | GTS–60 测试轨 | 1 套 |

### 2. 人员分工

每组 5～8 人，集体讨论，轮流操作。

### 3. 操作步骤

#### 1）仪器整备操作

（1）检查探头外观及探头线有无松动。

（2）将充好电的电池组安装到位。

（3）将钢轨探伤仪置于轨面上，在仪器走行轮位置正常的前提下调节各探头位置，使其位于轨面中心。

（4）检查各探头和轨面的耦合情况，必要时调节探头压力螺栓，使探头和轨面压力适中，耦合良好。

（5）打开仪器电源开关，检查仪器显示是否正常。

#### 2）仪器参数调整

按“轨型切换”键，设置“轨型”；在作业参数菜单中对系统及作业参数进行调整（机号、执机人、线别等）；在辅助功能菜单中设置系统功能参数（亮度、超速报警、失检报警等）；按 A◀ 键，进入单通道显示，按 I+ 或 I− 键进入 0° 探头通道；“抑制”关，然后设置 0° 探头的探伤灵敏度和小方门。

（1）0° 探头探伤灵敏度调节。

利用钢轨底面回波调节现场探伤灵敏度，在底波波高 80%的前提下，增益 6～10 dB（新轨提高 6 dB，在役轨提高 8 dB，老杂轨提高 10 dB）。

（2）0° 探头探伤灵敏度验证。

灵敏度调好后应满足：在 CTS−60 试块上，当 0° 探头检测第 2 孔 5 mm 水平裂纹时，伤波波高超过 80%，在检测深度 136 mm 处$\phi 6$通孔时失底波，如图 12−3 所示。

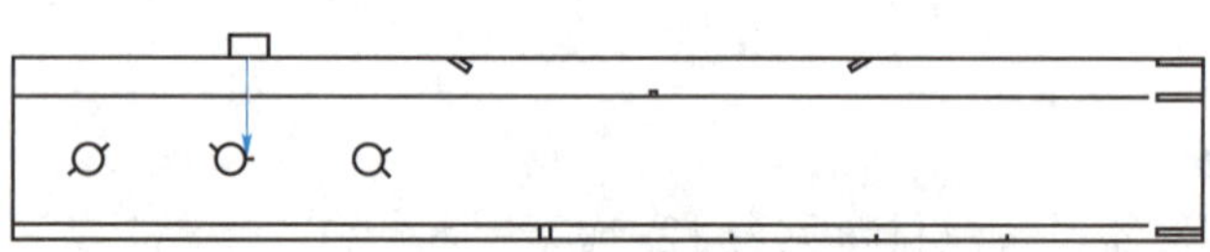

图 12−3　0° 探头探伤灵敏度验证

（3）0° 探头小方门调节。

0° 探头小方门的调节应该在灵敏度调节完毕后进行。小方门应刚好罩住螺孔波与轨底波，并尽可能窄（注意：轨底波小方门右侧为非探测区域，不显示回波，当小方门位置过于偏左时，若轨底波出现于轨底小方门右侧，则会消失）。

#### 3）结合出波规律判别伤损

（1）普通水平裂纹（见图 12−4）。

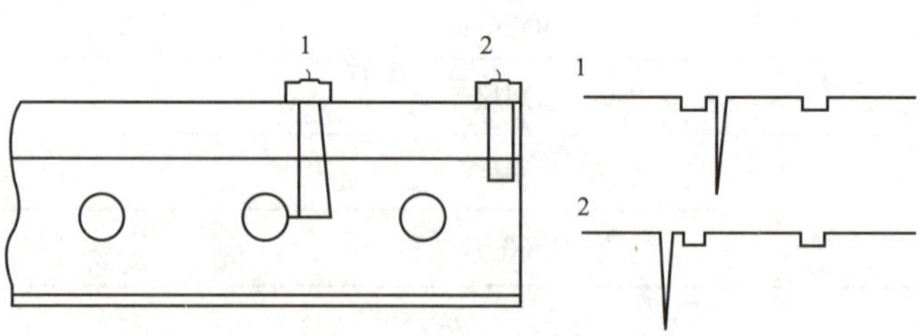


图 12−4　普通水平裂纹出波规律

（2）单侧水平裂纹、轨头部一侧或颚部圆弧处有水平裂纹（见图 12–5）。

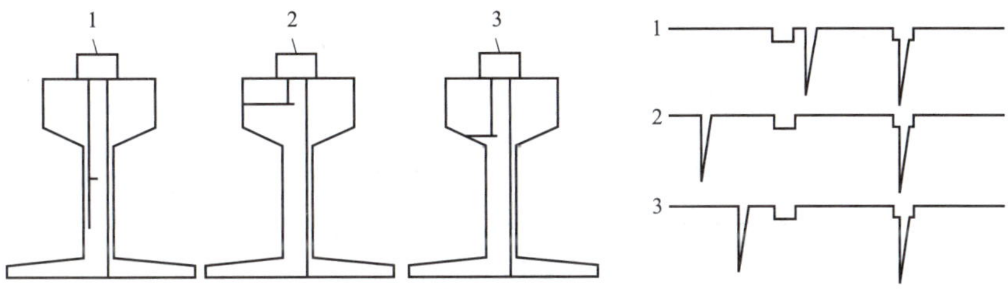


图 12–5　单侧水平裂纹、轨头部一侧或颚部圆弧处有水平裂纹出波规律

（3）螺孔单侧水平裂纹（见图 12–6）。

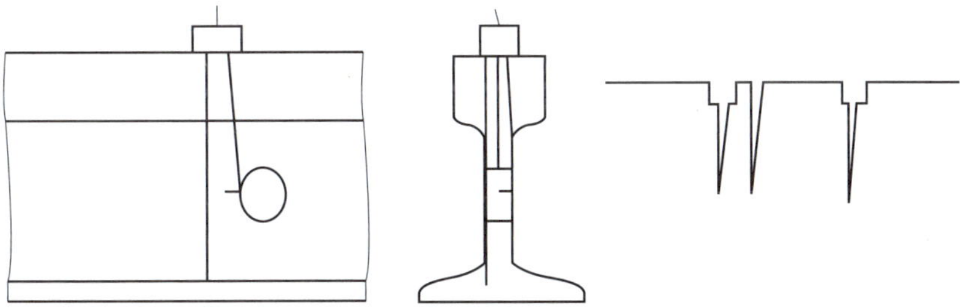

图 12–6　螺孔单侧水平裂纹出波规律

（4）螺孔单侧斜裂纹（见图 12–7）。

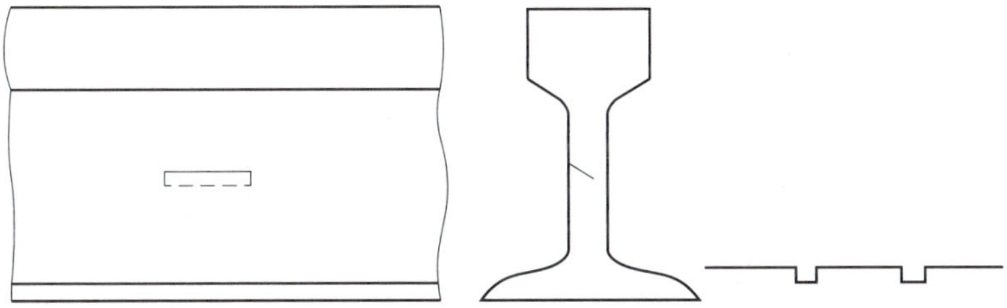

图 12–7　螺孔单侧斜裂纹出波规律

（5）斜裂纹（见图 12–8）。

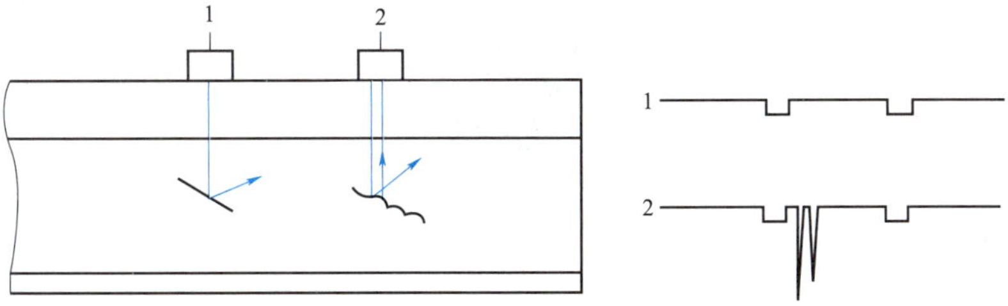


图 12–8　斜裂纹出波规律

（6）螺孔斜裂纹（见图 12-9）。

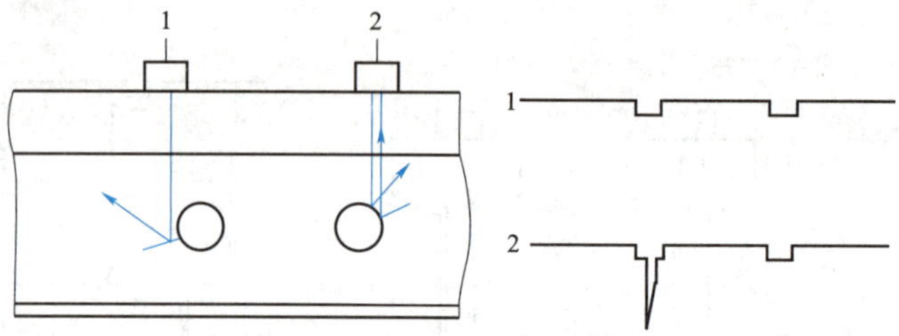


图 12-9　螺孔斜裂纹出波规律

（7）纵向裂纹（见图 12-10）。

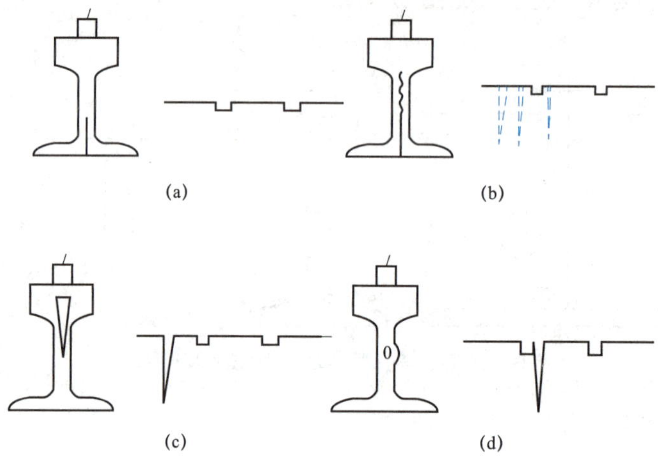


图 12-10　纵向裂纹出波规律

实训结束后，整理仪器设备，关闭电源，恢复到实训前的状态。

### 4. 考核标准

（1）具有良好的职业沟通能力、协调能力、团队协作能力。

（2）具有安全与文明操作的意识。

（3）判伤正确且记录规范。

## 数字资源

扫描下方二维码获取本部分内容数字学习资源。

## 实训报告

### 1. 基本信息

实训名称：________________________ 日期：　　年____月____日

姓名：__________________________ 学号：________________

班级：__________________________ 组别：________________

### 2. 实训目的

### 3. 实训设备

### 4. 操作步骤

### 5. 数据及结论（见表 12–2）

表 12–2　钢轨探伤报告（0° 探头探伤作业）

| 轨道编号 | | 左右股 | | 小车型号 | |
|---|---|---|---|---|---|
| 持车方向 | | 试块尺寸 | | 探伤方法 | |
| 灵敏度校正方法 | 0° 探头 | | | | |
| | | | | | |
| 伤损示意图 |  | | | | |

| 伤损编号 | 伤损类型 | 伤损长度 | 伤损深度 | 孔裂方向/底裂位置 | 所用探头通道 | 伤损判定 |
|---|---|---|---|---|---|---|
| 1 | | | | | | |
| 2 | | | | | | |
| 3 | | | | | | |
| 4 | | | | | | |
| 5 | | | | | | |
| 6 | | | | | | |

### 6. 考核评价

## 随堂小测

1. A 型显示的横轴代表的含义是（　　）。
   A. 表示缺陷与探头入射点的距离　　B. 表示回波高度的高低
   C. 表示缺陷的形状　　D. 表示缺陷的大小
2. A 型显示的纵轴代表的含义是（　　）。
   A. 表示缺陷与探头入射点的距离　　B. 表示回波高度的高低
   C. 表示缺陷的形状　　D. 表示缺陷的大小
3. A 型显示主要显示的内容是（　　）。
   A. 缺陷深度及缺陷反射信号幅值、形状
   B. 缺陷深度及其在纵截面上的分布
   C. 缺陷在平面视图上的分布
   D. 三维视图
4. 0° 探头有（　　）小方门。
   A. 螺孔波　　B. 轨底波　　C. 螺孔波、轨底波　D. 没有
5. 0° 探头不能探测的缺陷是（　　）。
   A. 螺孔较短斜下裂纹　　B. 螺孔较长斜下裂纹
   C. 螺孔较短斜上裂纹　　D. 螺孔较长斜上裂纹
6. 0° 探头螺孔小方门内出现回波，可能是（　　）。
   A. 螺孔回波　　B. 螺孔底部深度的缺陷
   C. 螺孔中部深度的缺陷　　D. 螺孔顶部深度的缺陷
7. 0° 探头是指（　　）。
   A. 低温探头　　B. 垂直水浸探头
   C. 单晶片直探头　　D. 双晶片直探头
8. 0° 探头探测斜裂纹可能出现的现象是（　　）。
   A. 产生强回波　　B. 失波报警
   C. 产生不移动的闪现回波　　D. 缺陷波和轨底波并存
9. 0° 探头探测水平裂纹越深，（　　）。
   A. 回波越靠右　　B. 回波越靠左　　C. 回波越高　　D. 回波越低
10. 0° 探头灵敏度调节可以通过（　　）方式。
   A. 轨底波增益 8～12 dB　　B. 轨底波增益 6～10 dB
   C. 螺孔波增益 8～12 dB　　D. 螺孔波增益 8～10 dB

# 实训项目 13　钢轨探伤仪 37° 探头 A 型显示探伤

## 知识概要

37° 探头探伤（以前按入射角的大小称之为 30° 探头）属于反射式探伤，其发射的超声波从轨头沿着折射角 37° 方向传播到轨底。37° 探头主要探测轨腰投影范围的螺孔裂纹、斜裂纹和特殊部位水平裂纹，以及轨底横向裂纹。

## 学习目标

（1）掌握 37° 探头的灵敏度调整方法。
（2）能够区分 37° 探头正常波形与伤损波形。
（3）能够通过伤损回波定位伤损。

## 基础知识

### 1. 灵敏度的调整

37° 探头灵敏度应使用 GTS-60 或 GTS-60 C 加长测试轨的 3 mm 螺孔 37° 斜裂纹进行校正。

但在实际探伤中由于现场条件限制，以及测试轨与探测轨表面状态的不同，经常采用螺孔波最高波增益 14 dB 的方法调整基准灵敏度，并根据实际情况进一步进行微调。

### 2. 37° 探头的正常波形

在探伤扫查中，37° 探头距离螺孔中心 73 mm 左右，A 型显示的显示屏对应基线刻度 4.2 左右处出现螺孔回波，前 37° 探头（向仪器推行前方发射的探头）螺孔回波从刻度大向刻度小的方向移动（见图 13-1），后 37° 探头螺孔回波从刻度小向刻度大的方向移动，由于两个探头声束方向不同，螺孔波显示移动过程正好相反。B 型显示成像位于轨颚线以下螺孔中轴线上侧，呈“八”字形分布，其中左侧短线是后 37° 探头的螺孔成像，右侧短线是前 37° 探头的螺孔成像（见图 13-2）。

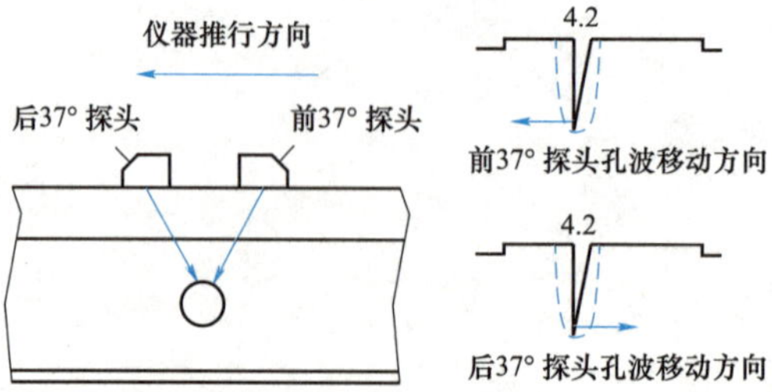


图 13-1　探头过螺孔时的 A 型显示

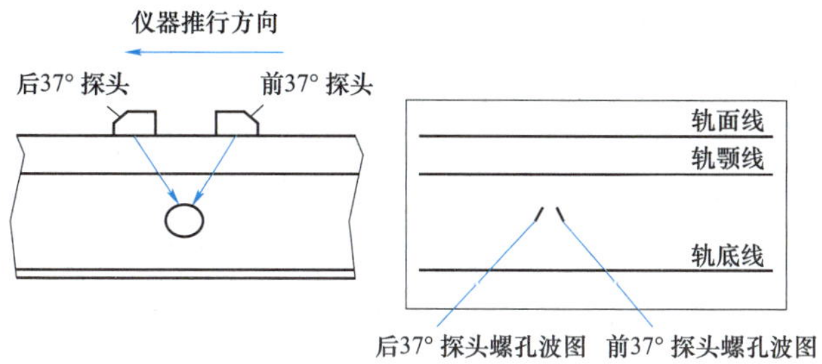


图 13-2 探头过螺孔时的 B 型显示

用 37° 探头探测钢轨接头第一螺孔至轨端间，因钢轨类型、螺孔位置和轨面状态的影响，以及钢轨端面、顶角、颚部、腰部等的反射作用，会产生很多固有回波，易与第一螺孔裂纹或轨端裂纹混淆。下面以前 37° 探头探测 60 kg/m 轨接头回波的显示规律为例（仪器按声程 1∶2.5 调节），说明各种回波规律。后 37° 探头回波规律与前 37° 探头相反。

（1）前 37° 探头探测遇到第一螺孔时，A 型显示的显示屏对应基线刻度 4.2 左右处显示完整的第一螺孔回波（见图 13-3）。

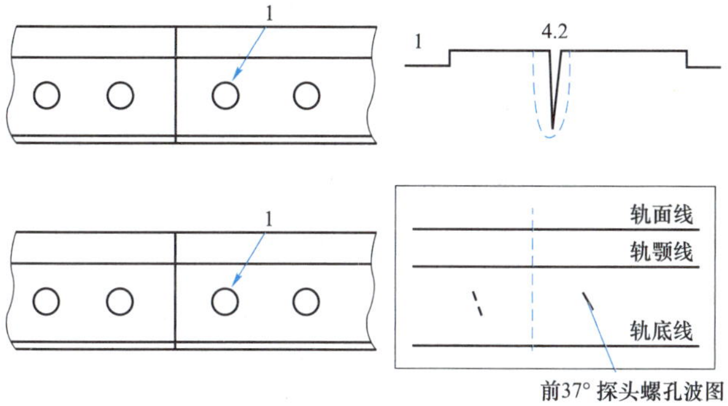


图 13-3 前 37° 探头第一螺孔 A、B 型显示

（2）探头入射点移至距轨端 5 mm 左右（一般探头外壳 1/3 已移出本轨），超声波经过轨端端面反射至第一螺孔，A 型显示的显示屏对应基线刻度 4.3 左右处显示不完整螺孔波（见图 13-4），又称倒打螺孔波。该螺孔波与正常螺孔波不同，是因为受到第一螺孔至轨端距离、轨端反射面平整度、轨端顶面等的影响。

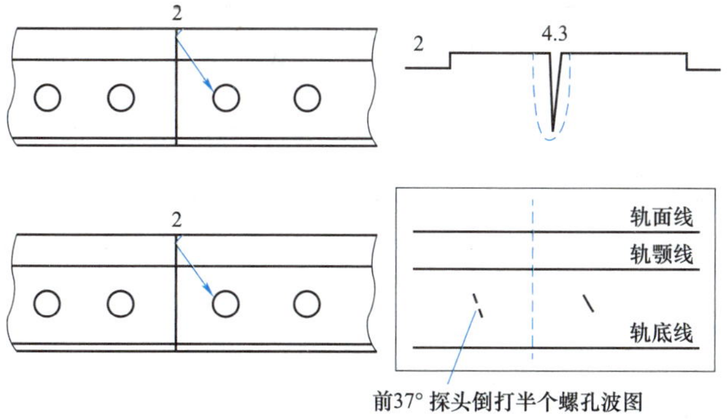


图 13-4 前 37° 探头倒打半个螺孔波 A、B 型显示

（3）当探头入射点刚过轨缝进入另一根轨面时，A 型显示的显示屏对应基线刻度 3.9 左右处显示半个螺孔波（见图 13-5），它和倒打螺孔波一样都属于不完整螺孔波，都是受第一螺孔至轨端距离的影响，不能满足一个完整螺孔波显示的探测距离，只能显示螺孔波的一部分。当遇到高低接头、压塌或擦伤（掉块）接头时，轨缝两端的不完整螺孔波很难显示，若使用了螺孔反报警门，则第一螺孔向第二螺孔的向上裂纹不会产生报警。A 型显示容易导致漏检，因而需要加以重视。

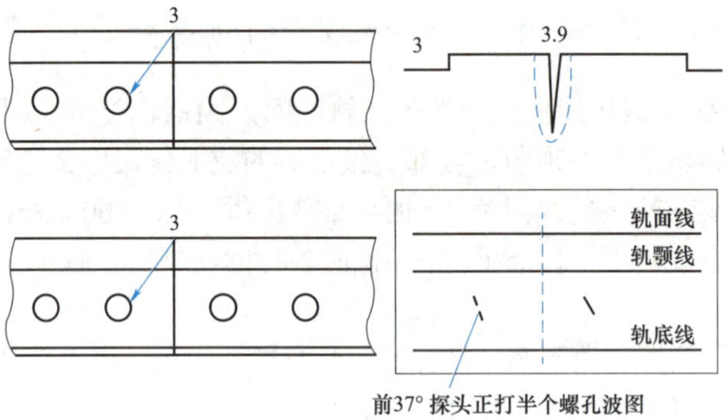


图 13-5　前 37° 探头正打半个螺孔波 A、B 型显示

### 3. 37° 探头的伤损波形

在 37° 探头检测中，应结合检出范围和探头位置对伤损波形进行综合判断，前、后 37° 探头的检出范围如图 13-6 和图 13-7 所示。

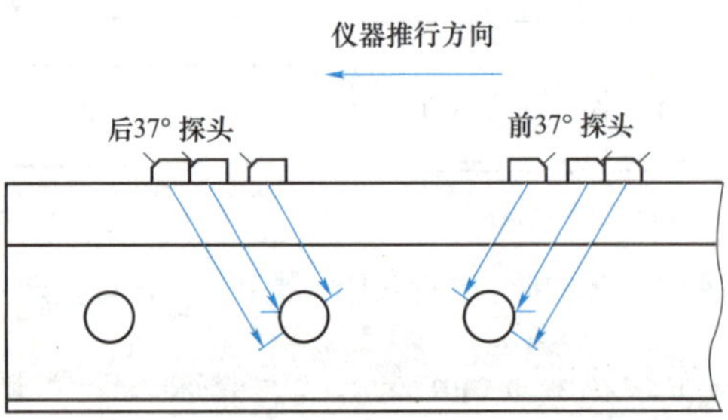


图 13-6　37° 探头第二、三螺孔周围裂纹检出范围

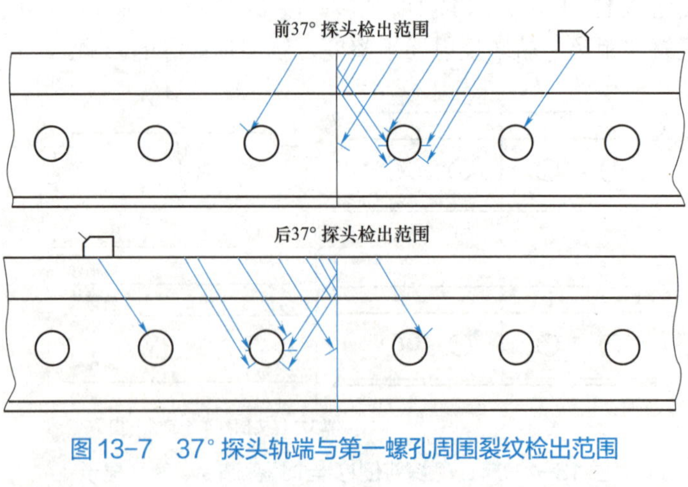


图 13-7　37° 探头轨端与第一螺孔周围裂纹检出范围

## 操作指南

### 1. 所需设备

操作所需的仪器设备及材料见表 13-1。

表 13-1　仪器设备及材料

| 序号 | 仪器设备及材料 | 数量 |
|---|---|---|
| 1 | GCT-8 C 钢轨探伤仪 | 1 |
| 2 | 耦合水 | 适量 |
| 3 | 伤损钢轨 | 适量 |
| 4 | 记录本 | 1 |
| 5 | 钢尺 | 1 |
| 6 | 卷尺 | 1 |
| 7 | GTS-60 测试轨 | 1 套 |
| 8 | GTS-60 C 加长测试轨 | 1 套 |

### 2. 人员分工

每组 5～8 人，集体讨论，轮流操作。

### 3. 操作步骤

#### 1）仪器整备操作

（1）检查探头外观及探头线有无松动。

（2）将充好电的电池组安装到位。

（3）将钢轨探伤仪置于轨面上，在仪器走行轮位置正常的前提下调节各探头位置，使其位于轨面中心。

（4）检查各探头和轨面的耦合情况，必要时调节探头压力螺栓，使探头和轨面压力适中，耦合良好。

（5）打开仪器电源开关，检查仪器显示是否正常。

#### 2）仪器参数调整

按“轨型切换”键，设置“轨型”；在作业参数菜单中对系统及作业参数进行调整（机号、执机人、线别等）；在辅助功能菜单中设置系统功能参数（亮度、超速报警、失检报警等）；按 A◄ 键，进入单通道显示，按 G+ G- 键进入前 37° 探头通道，按 H+ H- 键进入后 37° 探头通道；“抑制”关；然后设置 37° 探头的探伤灵敏度和小方门。

（1）37° 探头探伤灵敏度调节。

前、后 37° 探头探伤灵敏度应分别调节，且其分贝值不应相差过大。

① 实验室调整法 1：在 GTS-60 测试轨或 GTS-60 C 加长测试轨上，探测第三

螺孔，调节衰减器和探头位置，使螺孔最高回波波高达到 80%，然后增益 16 dB 或 14 dB，探测轨底深 3 mm 的横向裂纹和第一螺孔向下斜 37° 3 mm 裂纹，其回波位移量应不小于时基线满刻度 4 小格。

② 实验室调整法 2：用 37° 探头检测第二螺孔向上斜 3 mm 裂纹时，让螺孔波和上裂纹波两波等高，再提高 3～4 dB，并保证上裂纹波位移不少于 4 小格，如图 13–8 所示。

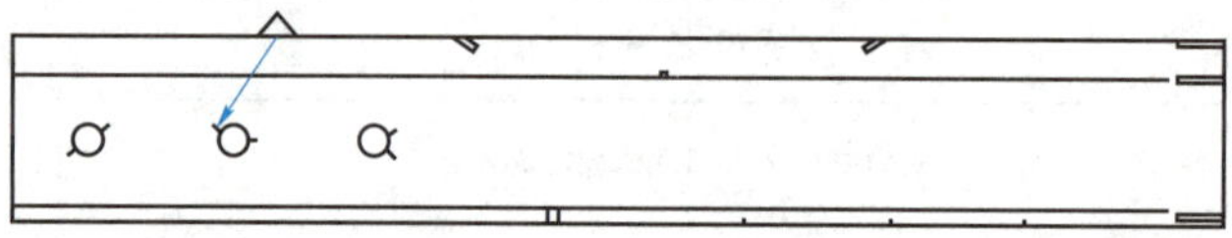

图 13–8　实验室调整法 2

③ 现场调解法：上道检测前做好 37° 探头现场探伤灵敏度调节，使用正常接头螺孔进行调节，在孔波最强、波高 80%的前提下，增益 14 dB 以上，增益量越多越有利于较短螺孔裂纹的发现，但应保证螺孔处无杂波。当无缝线路没有螺孔参考反射体时，正常推行时，使 37° 探头扫描线上动态（滚动的）草状波的平均高度达到 1 大格。

④ 灵敏度修正：当 37° 探头遇到倒打一孔、正打一孔、无回波显示或显示不清、轨端杂波较多时，应予适当修正。正线胶结接头应提高 4 dB 以上检测。

（2）37° 探头小方门调节。

37° 探头小方门的调节应该在灵敏度调节完毕后进行，小方门应刚好罩住螺孔波，并尽可能窄（注意：37° 探头螺孔波的移动有一定范围，小方门应罩住整个回波出现范围，前、后 37° 探头的小方门是同步调节的，因此只调节一次即可）。

### 3）结合出波规律判别伤损

下面是前 37° 探头探测 60 kg/m 轨接头的回波显示规律（声程 250 mm），后 37° 探头的回波显示规律与前 37° 探头相反。

（1）螺孔向下斜裂纹（见图 13–9）。

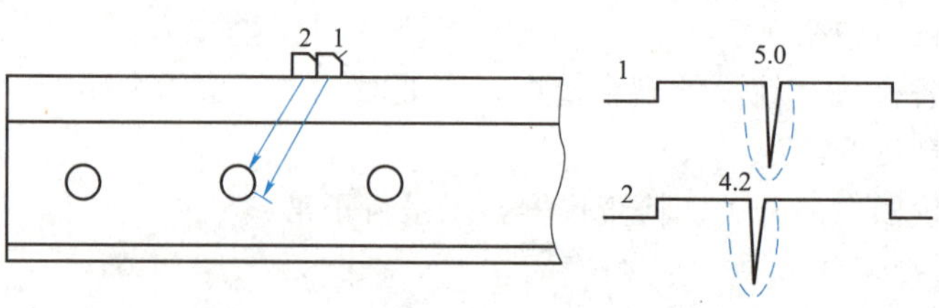


图 13–9　螺孔向下斜裂纹出波规律

（2）螺孔向上斜裂纹（见图 13–10）。

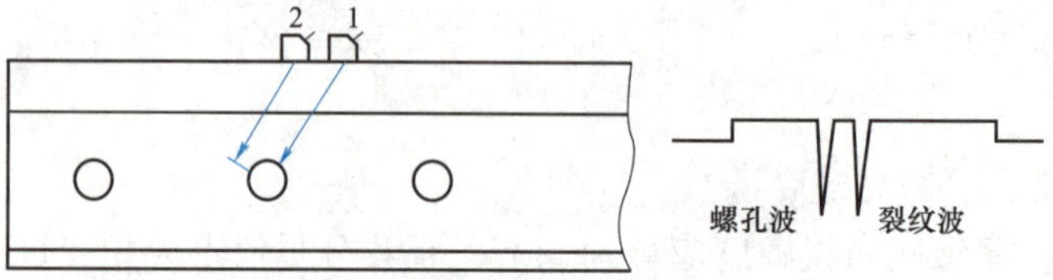


图 13–10　螺孔向上斜裂纹出波规律

（3）螺孔水平裂纹（见图 13-11）。

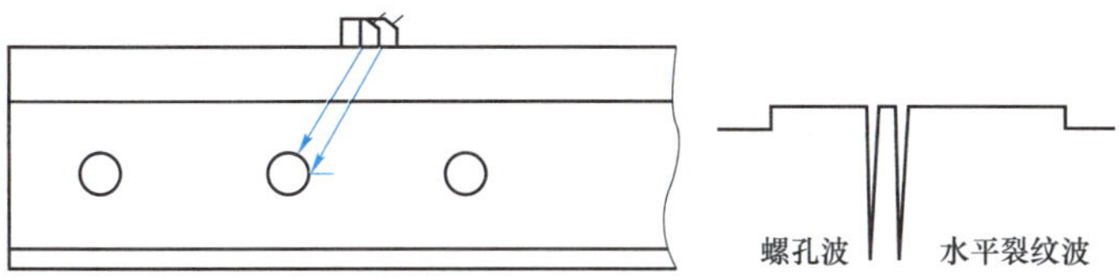


图 13-11 螺孔水平裂纹出波规律

（4）第一螺孔向轨端向下（或水平）裂纹（见图 13-12）。

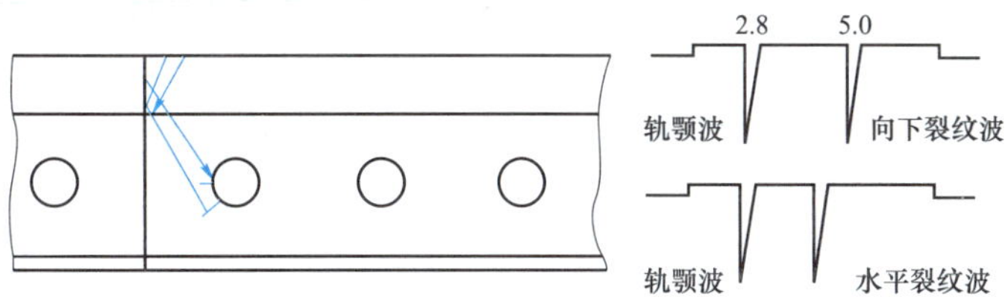


图 13-12 第一螺孔向轨端向下（或水平）裂纹出波规律

（5）第一螺孔向第二螺孔向上裂纹（见图 13-13）。

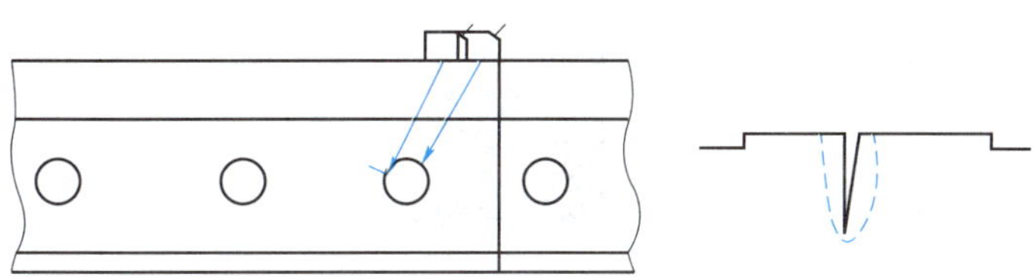

图 13-13 第一螺孔向第二螺孔向上裂纹出波规律

（6）轨端水平裂纹和斜裂纹（见图 13-14）。

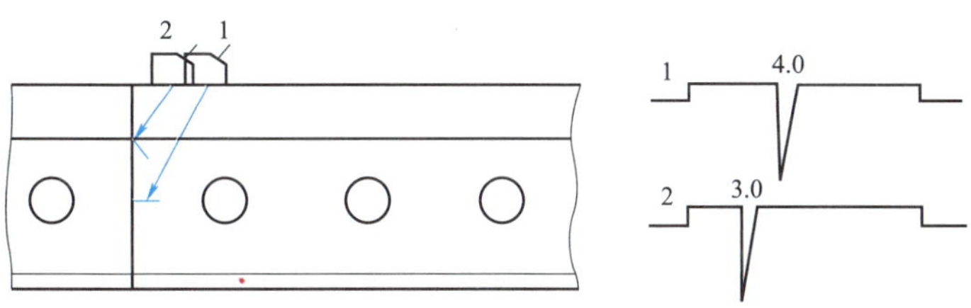


图 13-14 轨端水平裂纹和斜裂纹出波规律

（7）轨腰斜裂纹（见图 13-15）。

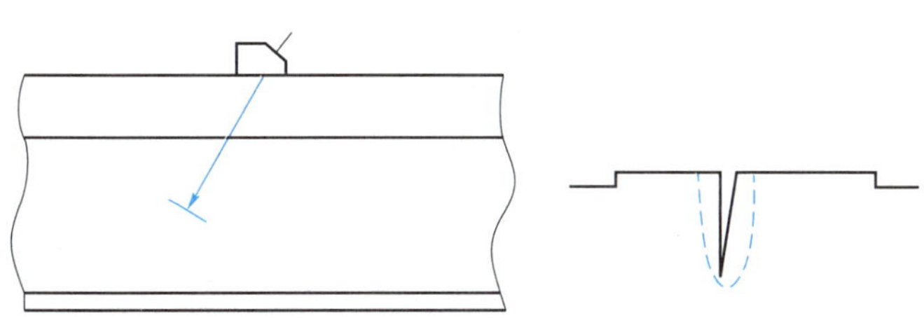

图 13-15 轨腰斜裂纹出波规律

（8）轨底横向裂纹（见图 13-16）。

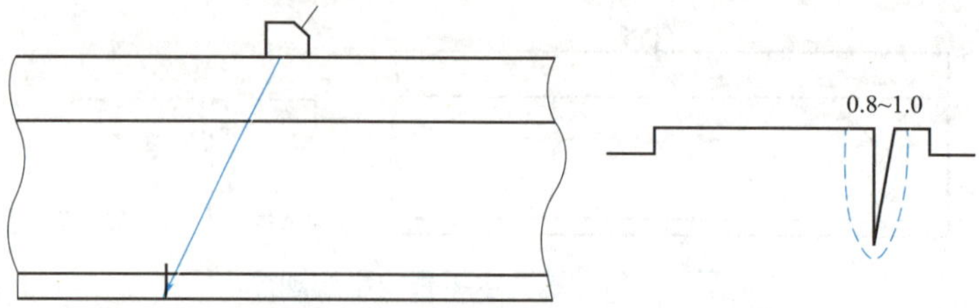


图 13-16　轨底横向裂纹出波规律

实训结束后，整理仪器设备，关闭电源，恢复到实训前的状态。

### 4. 考核标准

（1）具有良好的职业沟通能力、协调能力、团队协作能力。

（2）具有安全与文明操作的意识。

（3）判伤正确且记录规范。

## 数字资源

扫描下方二维码获取本部分内容数字学习资源。

## 实训报告

### 1. 基本信息

实训名称：______________________ 日期：______年____月____日

姓名：______________________ 学号：________________

班级：______________________ 组别：________________

### 2. 实训目的

### 3. 实训设备

### 4. 操作步骤

### 5. 数据及结论（见表 13–2）

表 13–2　钢轨探伤报告（37° 探头探伤作业）

| 轨道编号 | | 左右股 | | 小车型号 | |
|---|---|---|---|---|---|
| 持车方向 | | 试块尺寸 | | 探伤方法 | |
| 灵敏度校正方法 | 37° 探头 | | | | |
| | | | | | |
| 伤损示意图 |  | | | | |

| 伤损编号 | 伤损类型 | 伤损长度 | 伤损深度 | 孔裂方向/底裂位置 | 所用探头通道 | 伤损判定 |
|---|---|---|---|---|---|---|
| 1 | | | | | | |
| 2 | | | | | | |
| 3 | | | | | | |
| 4 | | | | | | |
| 5 | | | | | | |
| 6 | | | | | | |

### 6. 考核评价

## 随堂小测

1. 37° 探头是（　　）。
A. 双晶片斜探头　　B. 单晶片小角度探头
C. 单晶片斜探头　　D. 双晶片小角度探头

2. 37° 探头的灵敏度可以用（　　）调整。
A. 螺孔波最高波增益 14 dB
B. 轨底波最高波增益 14 dB
C. 3 mm 螺孔斜裂纹波最高波增益 14 dB
D. 3 mm 螺孔水平裂纹波最高波增益 14 dB

3. 用前 37° 探头探测螺孔下斜裂纹时，出波现象为（　　）。
A. 螺孔小方门右侧紧邻处出现裂纹波，裂纹波未消失螺孔波就出现
B. 螺孔小方门右侧紧邻处出现裂纹波，裂纹波消失后螺孔波出现
C. 螺孔小方门右侧一定距离处出现裂纹波，裂纹波消失后螺孔波出现
D. 螺孔小方门右侧一定距离处出现裂纹波，裂纹波未消失螺孔波就出现

4. 用前 37° 探头探测螺孔上斜裂纹时，出波现象为（　　）。
A. 螺孔小方门左侧紧邻处出现裂纹波，裂纹波消失后螺孔波出现
B. 螺孔小方门左侧一定距离处出现裂纹波，裂纹波消失后螺孔波出现
C. 类似两次螺孔波在小方门内扫过
D. 螺孔小方门左侧紧邻处出现裂纹波，裂纹波未消失螺孔波就出现

5. 37° 探头不能探测的伤损类型是（　　）。
A. 螺孔裂纹　　B. 轨腰水平裂纹
C. 轨底横向裂纹　　D. 螺孔水平裂纹

6. 37° 探头螺孔小方门比 0° 探头螺孔小方门宽，主要是由于（　　）。
A. 37° 探头螺孔波回波强度高　　B. 37° 探头螺孔波移动范围大
C. 37° 探头螺孔波波底较宽　　D. 37° 探头测距较大

7. 37° 探头调整小方门时应该（　　）。
A. 先调整宽度，再调整位置　　B. 找到螺孔波后直接调整
C. 找到螺孔波最高波后停下调整　　D. 前后反复推行，观察螺孔波出波范围

8. 用前 37° 探头探测螺孔水平裂纹时，出波现象为（　　）。
A. 螺孔小方门右侧紧邻处出现裂纹波，裂纹波消失后螺孔波出现
B. 螺孔小方门右侧一定距离处出现裂纹波，裂纹波消失后螺孔波出现
C. 螺孔小方门右侧一定距离处出现裂纹波，裂纹波未消失螺孔波就出现
D. 螺孔小方门右侧紧邻处出现裂纹波，裂纹波未消失螺孔波就出现

# 实训项目 14 钢轨探伤仪 70° 探头 A 型显示探伤

## 知识概要

70° 探头采用横波在钢轨轨头内进行反射式探伤，主要探测轨头核伤和钢轨焊缝轨头处的夹渣、气孔和裂纹等。

## 学习目标

（1）掌握 70° 探头的灵敏度调整方法。

（2）能够区分 70° 探头正常波形与伤损波形。

（3）能够通过伤损回波定位伤损。

## 基础知识

### 1. 灵敏度的调整

70° 探头灵敏度应使用 GTS-60 测试轨的 $\phi 4 \times 20$ mm 斜孔进行校正，即找到最高回波后将最高波调整为满屏的 80%。

但在实际探伤中由于现场条件限制，以及测试轨与探测轨表面状态的不同，可以以轨端一次波调整为饱满清晰，二次波主波明显、杂波少，杂波高度 20%左右状态为灵敏度，并根据 B 型显示情况进行进一步微调。

### 2. 70° 探头的正常波形

#### 1）偏角扫查

为了一次性检查较大范围内轨头内、外侧伤损，将 70° 探头置于轨面且与钢轨纵向成一定的偏角进行扫查，使入射钢轨中的横波经轨颚反射，以此来扩大扫查范围。

一次波是指探头发射的超声波在未被轨头下颚反射之前，由伤损或轨端断面反射的回波，如图 14-1 所示。

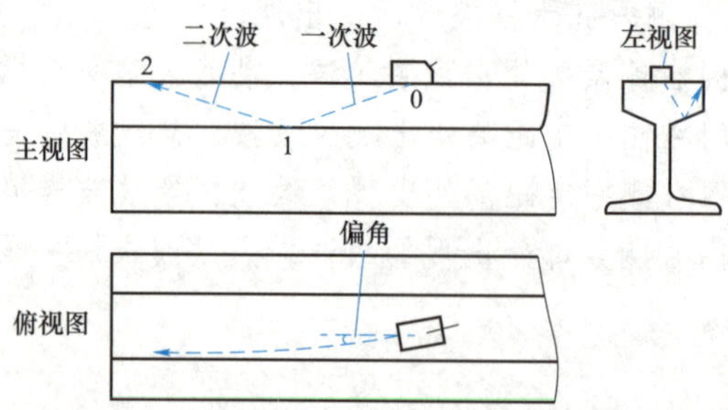


图 14-1 偏角 70° 探头声波传播路径

二次波是指超声波经轨头下颚反射后，尚未被轨顶面反射之前，由伤损或轨端断面反射的回波。

一次波声束覆盖范围约占轨头总面积的20%［见图14–2（a）］，实际扫查面积与探头偏角、位置和探伤灵敏度等有关。二次波声束覆盖范围约占轨头总面积的45%［见图14–2（b）］。同时使用两个70°探头，一个检查轨头内侧，另一个检查轨头外侧，由于探头偏角的影响，在轨头中下部仍存在一个“盲区”，如图14–2（c）所示。

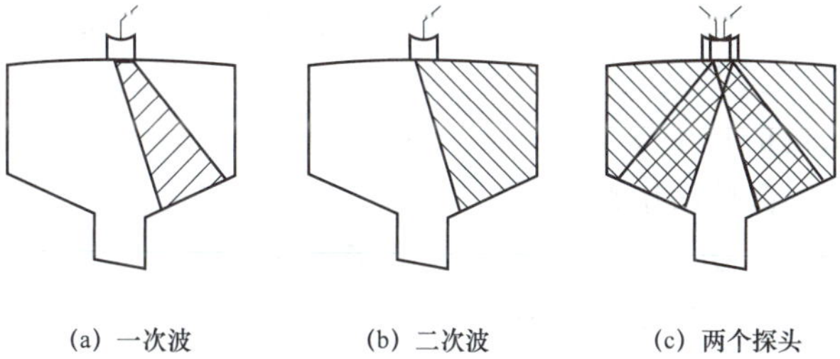


图14–2 偏角70°探头覆盖范围

当70°探头入射点距轨端（60 kg/m轨）216 mm左右［见图14–3（a）］时，显示屏对应基线刻度9.2左右处（仪器标定为横波声程1∶2.5）将显示轨端顶角反射波；随着探头向轨端移动，由位置0移至位置1，回波由刻度9.2向5.0移动［见图14–3（b）］，这时二次波由轨端顶角向轨颚方向移动，同时在显示屏对应基线刻度4.8处显示轨颚底角波［见图14–3（c）］，探头位置距轨端108 mm左右，继续前移，二次波波高下降，一次波波高上升［见图14–3（d）］，并随着探头从位置1移向位置2，一次波由刻度4.6处向1.0处移动［见图14–3（e）］。

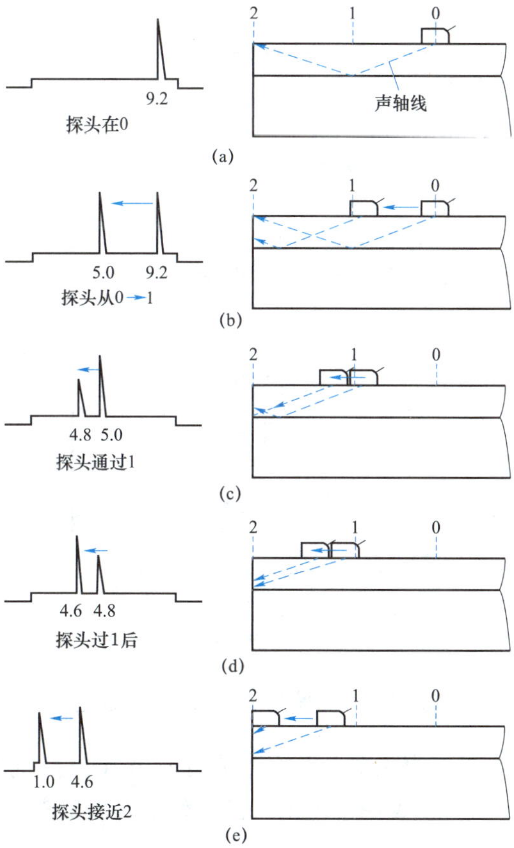


图14–3 偏角70°探头轨端正常回波

上述是 70° 探头发射方向和探头移动方向相同的显示过程。由于钢轨探伤仪上还装有向后发射的 70° 探头，即探头移动方向与发射方向相反，因此该探头轨端断面回波显示正好与上述过程相反，回波从小刻度向大刻度的方向移动，先显示一次波，再显示二次波。

为了提高二次波探伤灵敏度，钢轨探伤仪接 70° 探头的通道，在接收电路中采取远距离补偿方式，加上二次波是经轨颚反射，受声束扩散、轨头侧面和顶面的影响，二次波在轨头内的反射较复杂，呈多支波交替显示。另外，为了防止近场区杂波产生的频繁报警，在接收电路中又采取近场区抑制方式，使一次波移不到 0 刻度。这些均属于正常现象，切勿为追求一次波位移到 0 刻度或二次波单支波显示，而提高或降低探伤灵敏度，这样不利于钢轨探伤。

2）无偏角扫查

为了有效检测轨头中心区域的横向裂纹，采用将 70° 探头置于轨面中心，声束方向与钢轨纵向平行，入射钢轨中的声波由轨面向轨头三角区传播（见图 14–4），这样有利于发现钢轨轨头中心区域的横向裂纹。

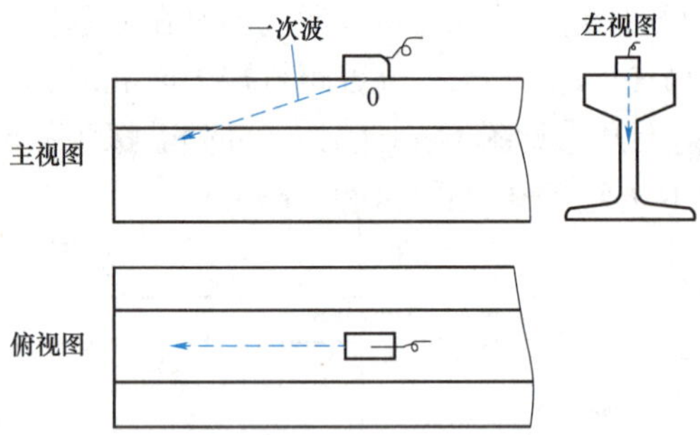


图 14–4　无偏角 70° 探头声波传播路径

根据晶片宽度和声束扩散特性，无偏角 70° 探头的声束覆盖范围约为轨头总面积的 20%（见图 14–5），主要用于探测轨头中部。

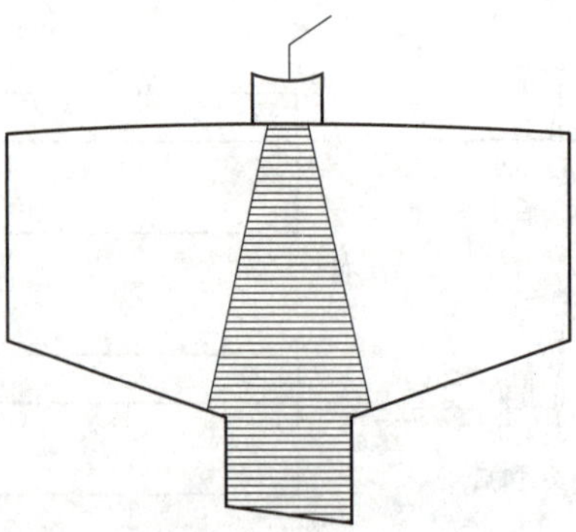

图 14–5　无偏角 70° 探头覆盖范围

根据两个偏角 70° 探头声束覆盖范围［见图 14–6（a）］，再增加一个无偏角 70° 探头探测，3 个 70° 探头同时使用，声束可覆盖整个轨头范围，能达到轨头全面扫查的目的［见图 14–6（b）］。

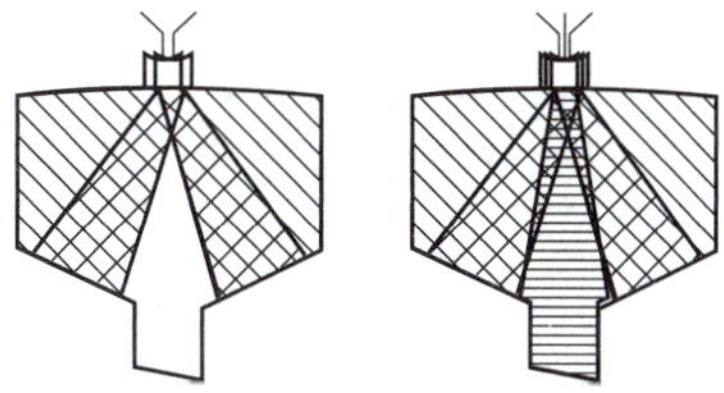

(a) 2个探头 (b) 3个探头

图 14-6 两个偏角 70° 探头与一个无偏角 70° 探头组合覆盖范围

当无偏角 70° 探头入射点距轨端（60 kg/m 轨）140 mm 左右［见图 14-7（a）］时，显示屏对应基线刻度 10.0 处（仪器标定为横波声程 1∶1.5）显示轨端反射波。随着探头向轨端移动，探头距轨端距离越来越小，回波从大刻度向小刻度的方向移动［见图 14-7（b）］，它的显示特点与偏角 70° 探头端面回波显示不同，只有一次波，无二次波。

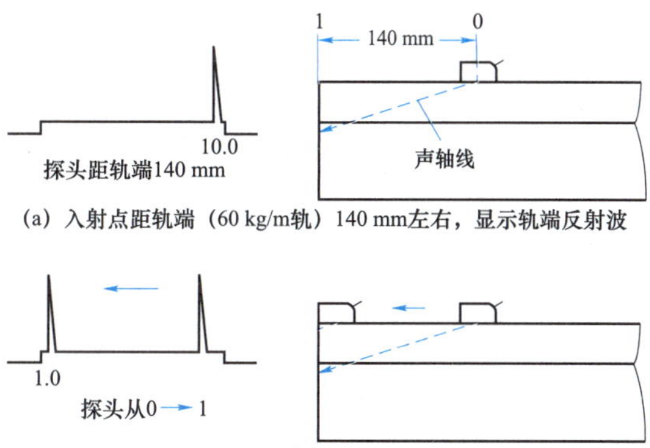


(a) 入射点距轨端（60 kg/m轨）140 mm左右，显示轨端反射波

(b) 回波从大刻度向小刻度的方向移动

图 14-7 无偏角 70° 探头轨端正常回波

### 3. 70° 探头的伤损波形

70° 探头探伤属于反射式探伤，当探伤中无伤损存在时，一般不会有回波显示。当有伤损且反射回波能被探头接收时，显示屏显示伤波并报警，探伤人员可根据回波显示特点，确认伤损存在的大概位置和大小。

## 操作指南

### 1. 所需设备

操作所需的仪器设备及材料见表 14-1。

表 14-1 仪器设备及材料

| 序号 | 仪器设备及材料 | 数量 |
| --- | --- | --- |
| 1 | GCT-8 C 钢轨探伤仪 | 1 |
| 2 | 耦合水 | 适量 |
| 3 | 伤损钢轨 | 适量 |
| 4 | 记录本 | 1 |

续表

| 序号 | 仪器设备及材料 | 数量 |
| --- | --- | --- |
| 5 | 钢尺 | 1 |
| 6 | 卷尺 | 1 |
| 7 | GTS-60 测试轨 | 1 套 |
| 8 | GTS-50 测试轨 | 1 套 |

### 2. 人员分工

每组 5～8 人，集体讨论，轮流操作。

### 3. 操作步骤

#### 1）仪器整备操作

（1）检查探头外观及探头线有无松动。

（2）将充好电的电池组安装到位。

（3）将钢轨探伤仪置于轨面上，在仪器走行轮位置正常的前提下调节各探头位置，使其位于轨面中心。

（4）检查各探头和轨面的耦合情况，必要时调节探头压力螺栓，使探头和轨面压力适中，耦合良好。

（5）打开仪器电源开关，检查仪器显示是否正常。

#### 2）仪器参数调整

按“轨型切换”键，设置“轨型”；在作业参数菜单中对系统及作业参数进行调整（机号、执机人、线别等）；在辅助功能菜单中设置系统功能参数（亮度、超速报警、失检报警等）；按 A◀ 键，进入单通道显示；按 A+ A-、B+ B-、C+ C-、D+ D- 键，进入对应偏角 70° 探头通道；按 E+ E-、F+ F- 键，进入对应无偏角 70° 探头通道；“抑制”关；设置 70° 探头的探伤灵敏度。

（1）偏角 70° 探头探伤灵敏度的调整。

现场调整法：找到轨端断面波使其波高达到 80%，再提高 10～12 dB（在无杂波的情况下，尽量调高灵敏度）。

实验室调整法：在 GTS-60 测试轨或 GTS-50 测试轨上，调节衰减器，探测轨头 $\phi 3$ 横通孔，找出横通孔回波的最高点，调节衰减器使孔波波高为 80%，增益 6 dB，然后探测轨头 $\phi 4$ 平底孔，位移不小于 15 小格。

（2）无偏角 70° 探头探伤灵敏度的调整。

现场调整法：找到轨端断面波使其波高达到 80%，再提高 12～13 dB（在无杂波的情况下，尽量调高灵敏度）。在无缝线路没有接头参考反射体的情况下，将仪器转换到单通道显示方式，仪器设置在通常状态，正常推行时，逐个调整 70° 通道扫描线上动态（滚动的）草状波的平均高度，使之达到 1 大格。

实验室调整法：在 GTS-60 测试轨或 GTS-50 测试轨上，调节衰减器，探测轨头 $\phi 3$ 横通孔，找出横通孔回波的最高点，调节衰减器使孔波波高为 80%，增益 6 dB，并保证位移不小于 15 小格。

（3）灵敏度修正。

当 70° 通道遇到轨头鱼鳞剥离、下颚坑洼、严重锈蚀或侧面锤击无报警或正常轨地段经常报警时，应予适当修正。

3）结合出波规律判别伤损

下面是前 70° 探头探测 60 kg/m 轨接头回波的出波显示规律。

（1）偏角 70° 探头检测规则核伤出波规律（见图 14-8）。

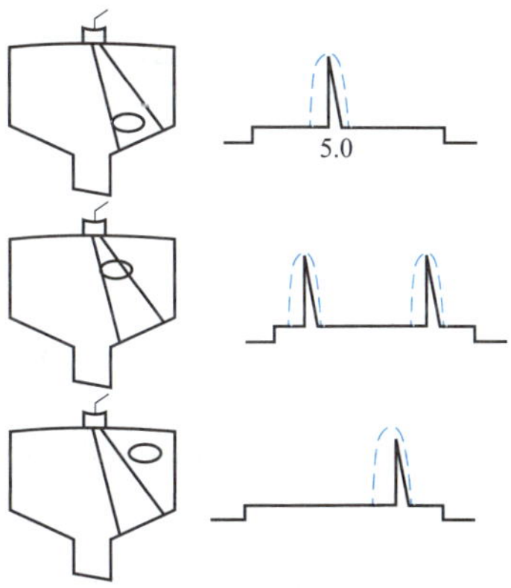


图 14-8　偏角 70° 探头检测规则核伤出波规律

（2）无偏角 70° 探头检测规则核伤出波规律（见图 14-9）。

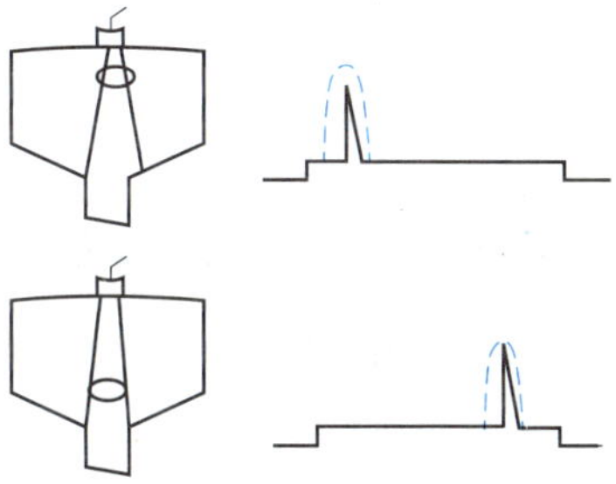

图 14-9　无偏角 70° 探头检测规则核伤出波规律

（3）偏角 70° 探头检测倾斜核伤出波规律（见图 14-10～图 14-12）。

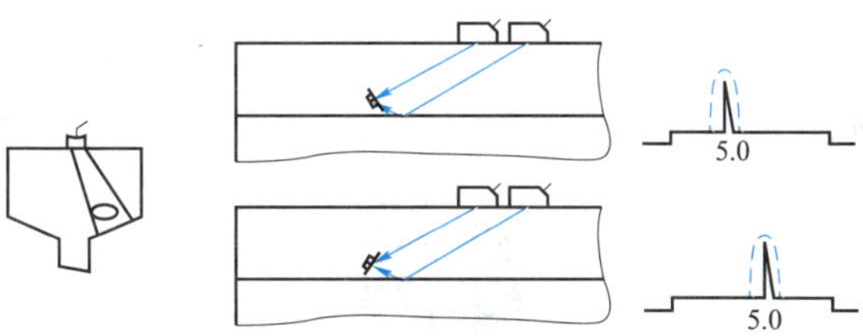


图 14-10　核伤在轨头颚部

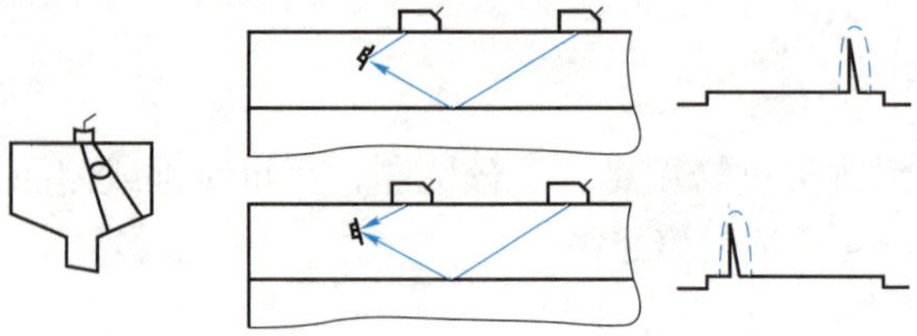

图 14-11 核伤在轨头上部

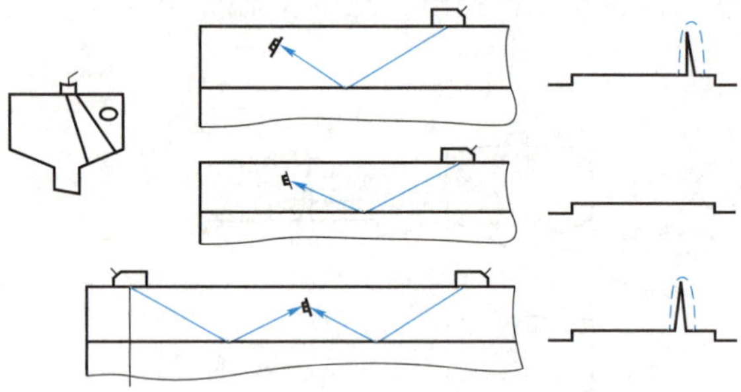

图 14-12 核伤在轨头右上角

（4）无偏角 70° 探头检测倾斜核伤出波规律（见图 14-13）。

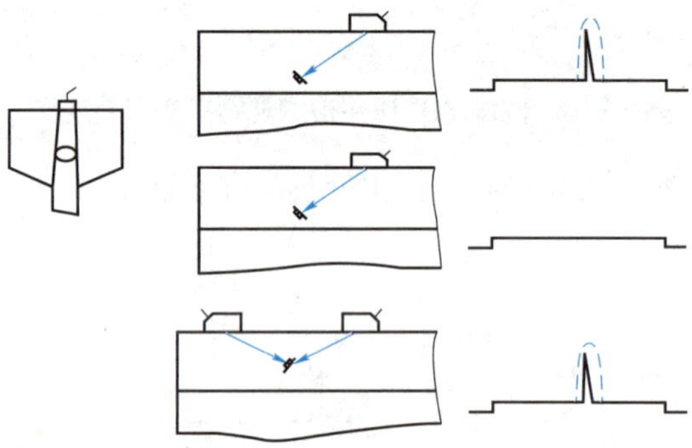

图 14-13 无偏角 70° 探头检测倾斜核伤出波规律

实训结束后，整理仪器设备，关闭电源，恢复到实训前的状态。

### 4. 考核标准

（1）具有良好的职业沟通能力、协调能力、团队协作能力。

（2）具有安全与文明操作的意识。

（3）判伤正确且记录规范。

## 数字资源

扫描下方二维码获取本部分内容数字学习资源。

## 实训报告

### 1. 基本信息

实训名称：________________ 日期：______年____月____日

姓名：________________ 学号：________________

班级：________________ 组别：________________

### 2. 实训目的

### 3. 实训设备

### 4. 操作步骤

### 5. 数据及结论（见表 14-2）

表 14-2　钢轨探伤报告（70° 探头探伤作业）

<table>
<tr><td>轨道编号</td><td></td><td>左右股</td><td></td><td>小车型号</td><td></td></tr>
<tr><td>持车方向</td><td></td><td>试块尺寸</td><td></td><td>探伤方法</td><td></td></tr>
<tr><td rowspan="2">灵敏度校正方法</td><td colspan="5">70° 探头</td></tr>
<tr><td colspan="5"></td></tr>
<tr><td>伤损示意图</td><td colspan="5"></td></tr>
</table>

| 伤损编号 | 伤损类型 | 伤损长度 | 伤损深度 | 孔裂方向/底裂位置 | 所用探头通道 | 伤损判定 |
|---|---|---|---|---|---|---|
| 1 | | | | | | |
| 2 | | | | | | |
| 3 | | | | | | |
| 4 | | | | | | |
| 5 | | | | | | |
| 6 | | | | | | |

### 6. 考核评价

## 随堂小测

1. 70° 探头一次波覆盖区和二次波覆盖区的关系是（　　）。
   A. 二次波覆盖区包含一次波覆盖区
   B. 一次波覆盖区包含二次波覆盖区
   C. 一次波覆盖区与二次波覆盖区重合
   D. 一次波覆盖区与二次波覆盖区互补
2. 如果一个核伤在轨头顶角处（轨顶一侧），那么其回波情况是（　　）。
   A. 一次波有回波，出现在屏幕左侧
   B. 二次波有回波，出现在屏幕右侧
   C. 一、二次波都有回波，出现在屏幕两侧
   D. 二次波有回波，出现在屏幕中间偏右
3. 前偏角 70° 探头扫查一次波扫查区较浅的体积状核伤，其回波效果是（　　）。
   A. 只有一次波，出波位置在屏幕中间
   B. 只有一次波，出波位置在屏幕左边
   C. 一次波先出现，过一会儿出现二次波，回波位置先左后右
   D. 二次波先出现，过一会儿出现一次波，回波位置先右后左
4. 如果一个核伤在轨头下颚处，那么其回波情况是（　　）。
   A. 一、二次波都有回波，出现在屏幕中间
   B. 二次波有回波，出现在屏幕右侧
   C. 一、二次波都有回波，出现在屏幕两侧
   D. 二次波有回波，出现在屏幕中间偏右
5. 前偏角 70° 探头过轨端，回波效果是（　　）。
   A. 回波从左向右移动　　B. 回波从右向左移动
   C. 回波从中间向右移动　　D. 回波从中间向左移动
6. 70° 探头主要探测（　　）和钢轨焊缝轨头处夹渣、气孔和裂纹等。
   A. 轨头核伤　　B. 轨腰伤损　　C. 轨底裂纹　　D. 轨端伤损
7. 偏角 70° 探头扫查通过（　　）次波来扩大扫描范围。
   A. 一　　B. 二　　C. 三　　D. 四
8. 为了有效检测轨头中心区域的横向缺陷，应采用（　　）70° 探头。
   A. 内斜　　B. 偏角　　C. 斜　　D. 无偏角
9. 当偏角 70° 探头入射点离轨端（60 kg/m 轨）216 mm 左右时，B 型显示（　　）。
   A. 轨颚顶角波　　B. 轨颚底角波　　C. 轨端顶角波　　D. 轨端底角波

10. 轨颚底角波（60 kg/m 轨）在（　　）格出现。

A. 4.6　　B. 4.8　　C. 5.2　　D. 8.6

11. 核伤位于轨颚附近，核伤在 B 型显示中在（　　）附近。

A. 轨底线　　B. 轨颚线　　C. 轨面线　　D. 螺孔线

12. 核伤位于轨头一侧上角，A 型显示回波刻度越大，核伤距离（　　）越近。

A. 轨底　　B. 轨面　　C. 轨颚　　D. 螺孔

13. 探测轨头中心区域核伤，核伤越深，B 型显示越靠近（　　）。

A. 轨颚线　　B. 轨面线　　C. 轨底线　　D. 螺孔线

14. 无偏角 70° 探头向轨端移动，探头距离轨端越近，回波刻度（　　）。

A. 越小　　B. 越大　　C. 不一定　　D. 大小循环出现

15. 规则核伤的核伤反射面与钢轨（　　）向基本垂直。

A. 任意　　B. 斜　　C. 横　　D. 纵

# 实训项目 15　钢轨探伤仪 B 型显示探伤

## 知识概要

B 型显示是以探头的移动距离为横轴、以探伤距离（深度）为纵轴，绘制探伤体的截面图的显示方式。在钢轨探伤中，B 型显示图类似于钢轨内部结构的侧视图。

B 型显示能够直观地反映钢轨内部形貌，对一些相邻缺陷或相近结构有较好的显示效果，易于区分和辨认；可以直观地反映钢轨内各结构的位置关系，易于确定伤损的大致位置。

但 B 型显示成像在特殊部位存在异位，其成像与伤损经常呈对称分布，易产生误判。此外，B 型显示只能体现探头扫查到的结构上部表面，其成像与钢轨内结构不完全一致；B 型显示能够快速发现伤损，但进一步确认伤损并确定深度则需结合 A 型显示进行。

## 学习目标

（1）掌握 B 型显示的正常成像。

（2）能够通过 B 型显示定位伤损。

## 基础知识

### 1. 0° 探头的正常成像

0° 探头探测面的成像位置与探测面的实际位置基本对应，其在横、纵向的分布不会发生畸变，如图 15-1 所示。

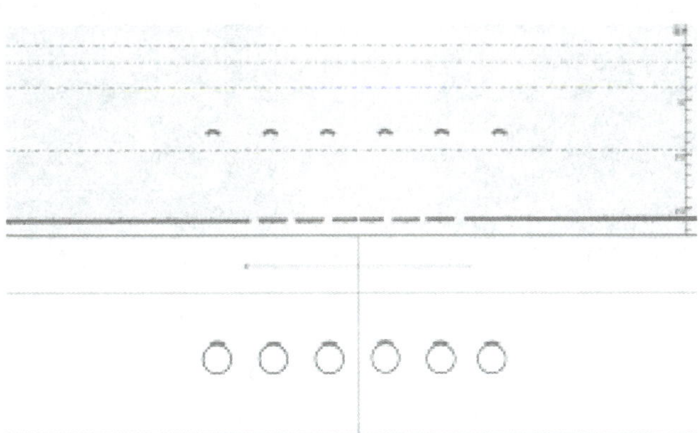

图 15-1　0° 探头 B 型显示图像（上）与钢轨探测位置（下）对比

当 0° 探头灵敏度过高时可能出现二次波或延迟波的成像，其位置出现在螺孔顶部成像正下方，且均匀分布。灵敏度进一步升高甚至可能出现轨顶波和轨头下颚波等成像。当 0° 探头灵敏度较低时，则可能出现螺孔顶部成像不饱满甚至消失的情况。

### 2. 37° 探头的正常成像

37° 探头探测面的螺孔成像位置和探测面实际位置基本对应，但在第一螺孔的轨端一侧，成像是断开的（见图 15-2）。这是由于第一螺孔的轨端一侧探测面无法被连续检测，其下部由倒打螺孔波检出，由于在超声波传播过程中产生了反射，成像位置与实际探测位置关于轨缝对称（见图 15-3），其上部由对向 37° 探头检出，成像位置与实际探测位置一致（见图 15-4）。因此，第一螺孔的轨端一侧断开的成像，上半部分是同侧螺孔成像，下半部分是轨缝对侧螺孔成像。

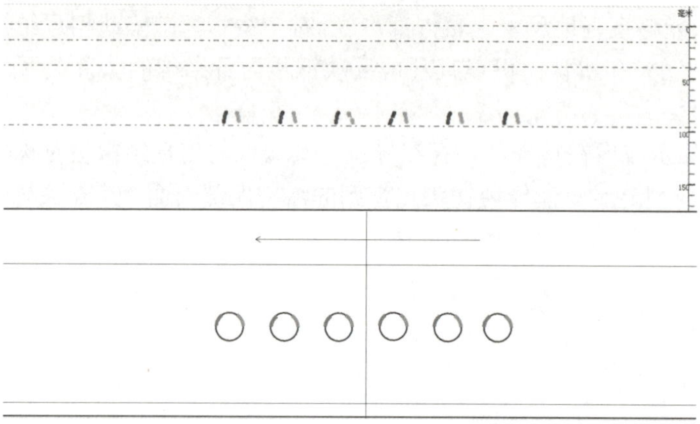

图 15-2　37° 探头 B 型显示图像（上）与钢轨探测位置（下）对比

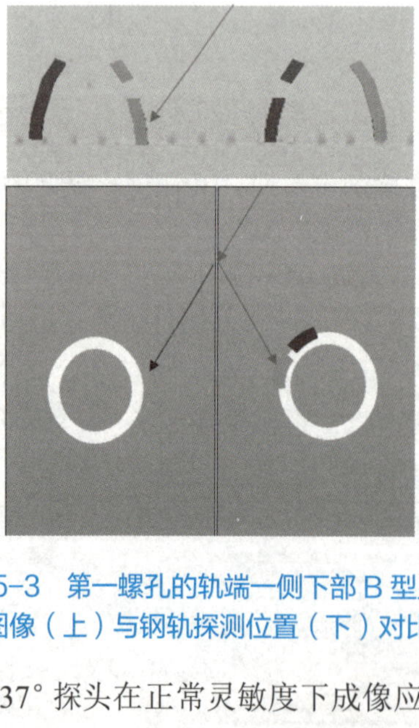

图 15-3　第一螺孔的轨端一侧下部 B 型显示图像（上）与钢轨探测位置（下）对比

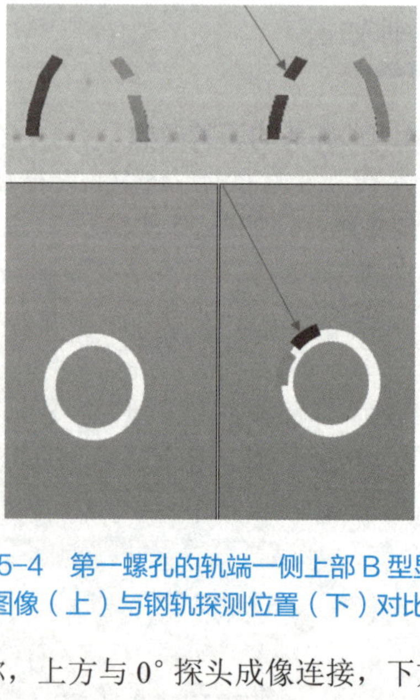

图 15-4　第一螺孔的轨端一侧上部 B 型显示图像（上）与钢轨探测位置（下）对比

37° 探头在正常灵敏度下成像应饱满、对称，上方与 0° 探头成像连接，下方位于螺孔轴线位置附近；但当灵敏度不协调时，前、后 37° 探头可能出现成像大小不对称的情况，此时应对灵敏度进行调整。

### 3. 70° 探头的正常成像

70° 探头正常情况下仅在轨端处出现 B 型显示成像，轨端成像可以通过拼孔调节功能合并于一处，或分开为易于观察的短线。轨端共有 6 条短线，分别对应 A～F 通道（见图 15-5）。

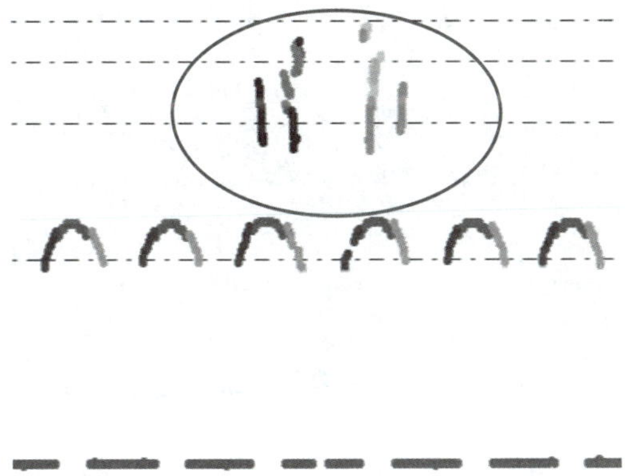

图 15-5　70° 探头轨端成像（分开）

70° 探头在正常灵敏度状态下轨端成像应饱满、无杂点。当灵敏度过高时，前、后无偏角 70° 探头可能出现位于螺孔成像上方的 70° 探头螺孔成像（见图 15-6），偏角 70° 探头可能出现密集杂点，此时应对灵敏度进行调整。

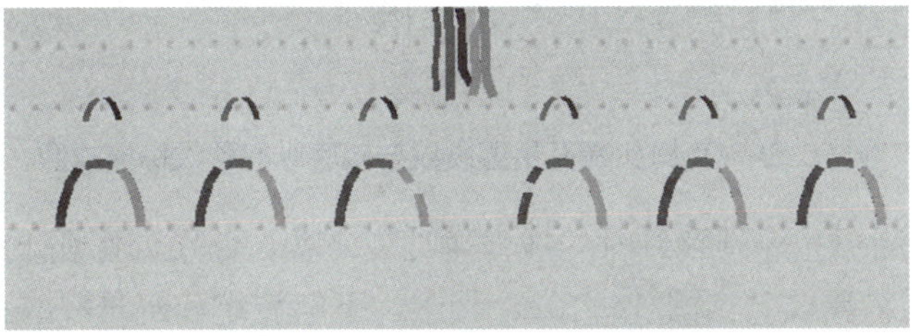

图 15-6　无偏角 70° 探头螺孔成像

### 4. 完整的 B 型显示正常成像

虽然各通道 B 型显示的成像过程是独立的，但仪器最终显示的 B 型显示成像是各通道合成的，如图 15-7 所示，各通道成像的颜色与屏幕右侧动态参数区的通道颜色一致。

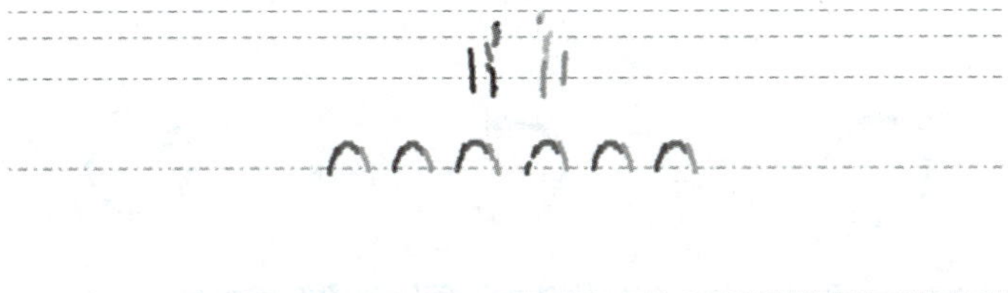

图 15-7　完整的 B 型显示成像

5. B 型显示伤损成像

0° 探头探测到的大多为水平裂纹，在特殊位置，这些水平裂纹往往与 37° 探头成像共同出现，如图 15–8 所示。3 个 0° 探头的异常显示分别为第三螺孔水平裂纹、第一螺孔水平裂纹、右侧轨端水平裂纹。

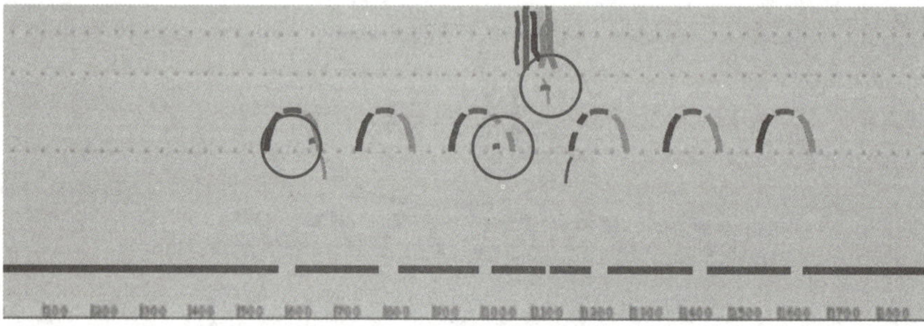

图 15–8　0° 探头螺孔裂纹与轨端裂纹伤损成像

螺孔贯通裂纹有时会出现幻象波，位置在其下方。此外，0° 探头也应注意底波失波的情况，图 15–9 所示的底波失波为轨底纵向裂纹。

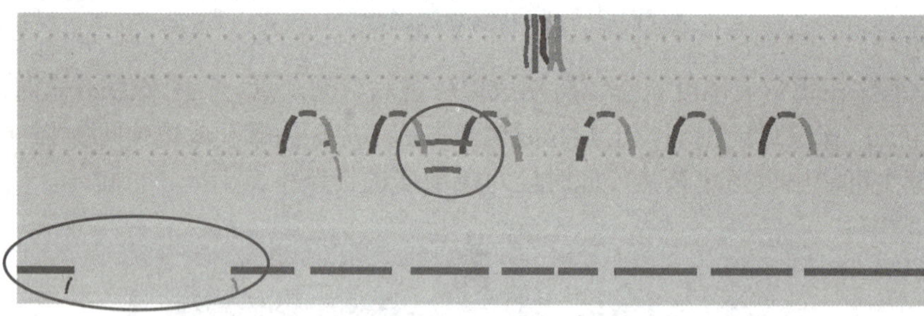

图 15–9　0° 探头螺孔贯通裂纹与轨底纵向裂纹伤损成像

37° 探头探测螺孔周围裂纹时的成像主要有三类，分别为螺孔上斜裂纹、螺孔水平裂纹、螺孔下斜裂纹（见图 15–10）。其中，下斜裂纹和水平裂纹在轨端第一螺孔产生成像的对称异位，但上斜裂纹则不会产生对称异位（见图 15–11）。

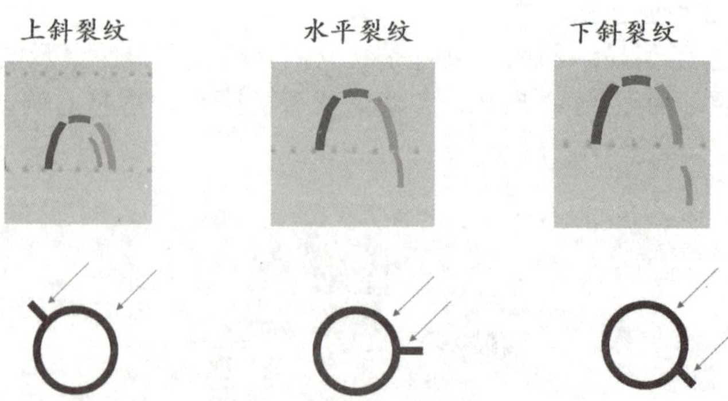


图 15–10　37° 探头螺孔周围裂纹伤损成像

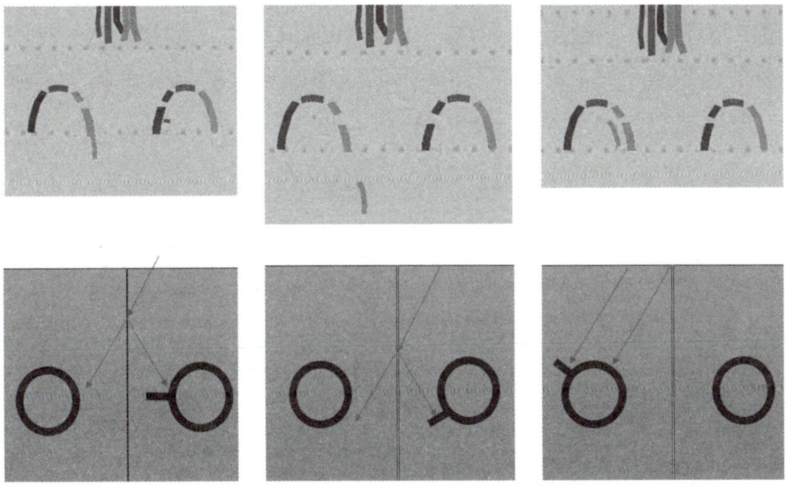

图 15-11　37° 探头轨端第一螺孔裂纹伤损成像

当探测到轨端裂纹时，37° 探头通道会显示成像，但其成像方向未必与反射面方向一致，因此需要结合实际情况分析。当该处有 0° 探头成像时，即可判定为轨端水平裂纹，然后根据探头朝向，可判断位于哪侧轨端（见图 15-12）。

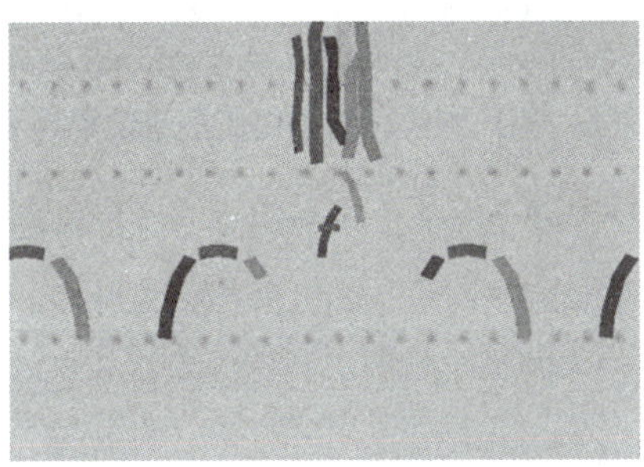

图 15-12　37° 探头轨端裂纹伤损成像

当遇到轨底横向裂纹时，前、后 37° 探头一般均会探测到，在轨底出现“八”字形成像，但当轨底裂纹是倾斜的或刚好在螺孔斜下方时，可能出现只有一个 37° 探头能探测到的情况，应注意结合实际情况分析。当轨底有纵向槽、卡损或纵向裂纹时，37° 探头将显示其两端成像，纵向裂纹往往伴随 0° 探头失波（0° 探头灵敏度偏高时也可能不失波）（见图 15-13）。

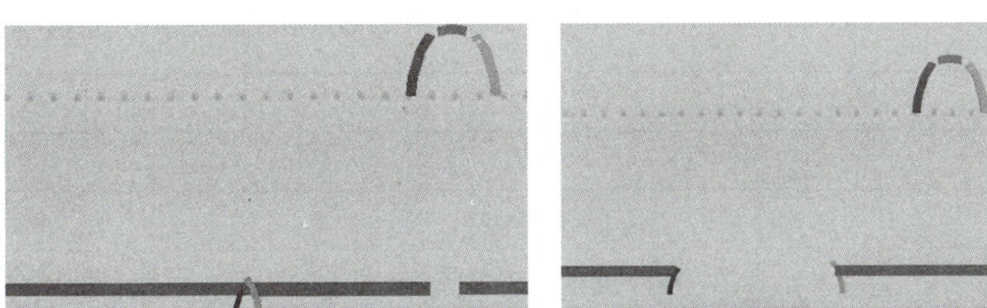

图 15-13　37° 探头横向裂纹与纵向裂纹伤损成像

70° 探头探测轨头核伤时，成像显示为在轨头区域的斑点（见图 15-14）。偏角 70° 探头超声波经轨头下颚反射，存在一次波探测区和二次波探测区，一次波探测到的成像与反射体位置一致，二次波探测到的成像则与反射体关于轨头下颚对称，其显示于第一虚线（轨头下颚线）与第二虚线之间（见图 15-15）。

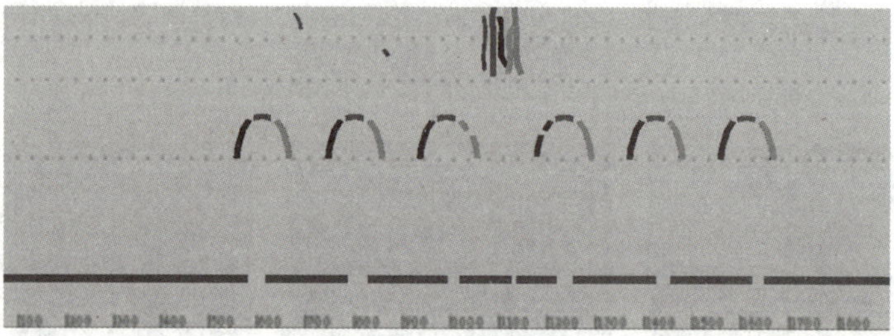

图 15-14　70° 探头轨头核伤伤损成像

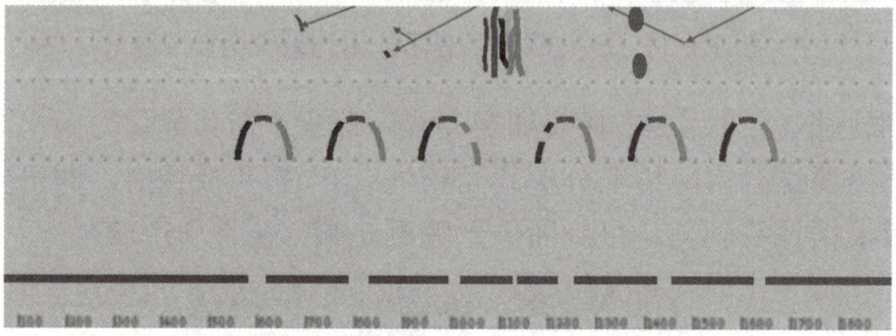

图 15-15　70° 探头轨头核伤伤损成像原理示意图

## 操作指南

### 1. 所需设备

操作所需的仪器设备及材料见表 15-1。

表 15-1　仪器设备及材料

| 序号 | 仪器设备及材料 | 数量 |
|---|---|---|
| 1 | GCT-8 C 钢轨探伤仪 | 1 |
| 2 | 耦合水 | 适量 |
| 3 | 伤损钢轨 | 适量 |
| 4 | 记录本 | 1 |
| 5 | 钢尺 | 1 |
| 6 | 卷尺 | 1 |
| 7 | GTS-60 测试轨 | 1 套 |
| 8 | GTS-60 C 加长测试轨 | 1 套 |

### 2. 人员分工

每组 5～8 人，集体讨论，轮流操作。

### 3. 操作步骤

#### 1）仪器整备操作

（1）检查探头外观及探头线有无松动。

（2）将充好电的电池组安装到位。

（3）将钢轨探伤仪置于轨面上，在仪器走行轮位置正常的前提下调节各探头位置，使其位于轨面中心。

（4）检查各探头和轨面的耦合情况，必要时调节探头压力螺栓，使探头和轨面压力适中，耦合良好。

（5）打开仪器电源开关，检查仪器显示是否正常。

#### 2）仪器参数调整

按“轨型切换”键，设置“轨型”；在作业参数菜单中对系统及作业参数进行调整（机号、执机人、线别等）；在辅助功能菜单中设置系统功能参数（亮度、超速报警、失检报警等）；“抑制”关；然后设置各探头通道的探伤灵敏度和小方门。

B 型显示设置：设定探头位置时，首先在线路上找到一处有螺孔或接头的地方，然后推行一段距离使各通道均有出波，界面上出现各通道的图形。如果某个通道图形位置不正确，可按键，进入 B 型显示图像拼图界面，并按相应通道的“+”“-”键调整图形位置，界面上该通道的图形也会随着位置的调整而发生相应的移动。

#### 3）结合出波规律判别伤损

（1）左侧第一螺孔向第二螺孔上斜裂纹（见图 15-16）。

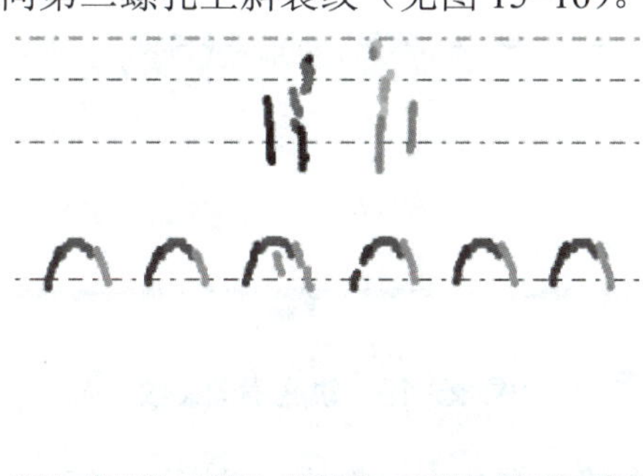

图 15-16 左侧第一螺孔向第二螺孔上斜裂纹

（2）左侧轨端斜裂纹（见图 15-17）。

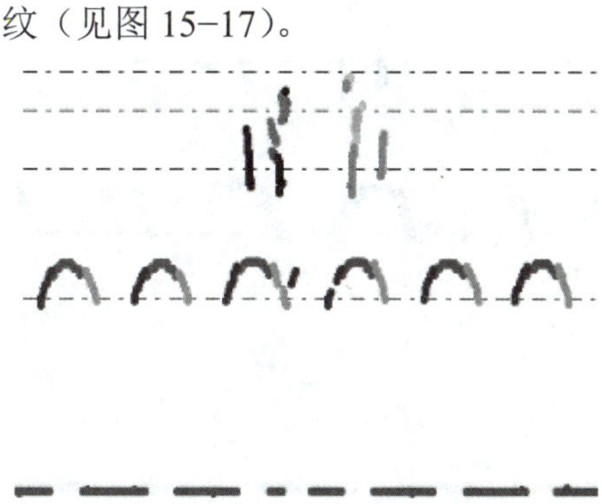

图 15-17 左侧轨端斜裂纹

（3）左侧第三螺孔向第二螺孔上斜裂纹（见图 15-18）。

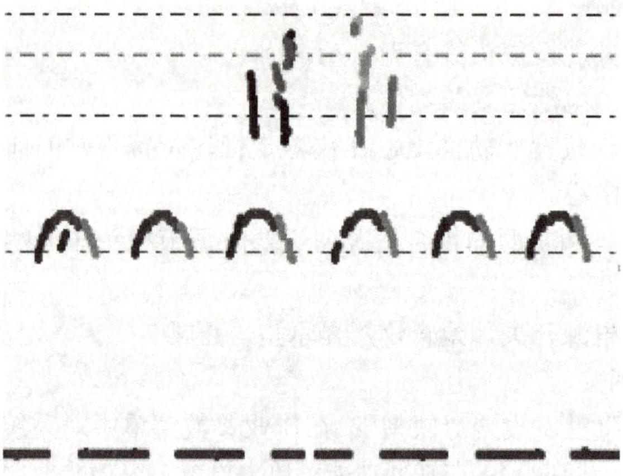

图 15-18　左侧第三螺孔向第二螺孔上斜裂纹

（4）轨底横向裂纹（见图 15-19）。

图 15-19　轨底横向裂纹

（5）左侧第三螺孔向第二螺孔下斜裂纹（见图 15-20）。

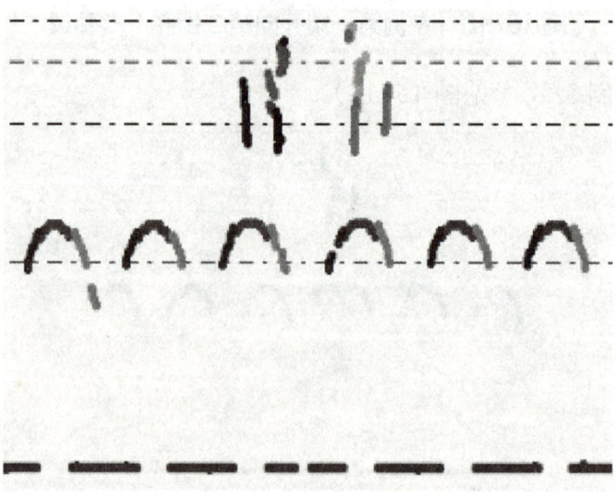

图 15-20　左侧第三螺孔向第二螺孔下斜裂纹

（6）轨头核伤（见图 15–21）。

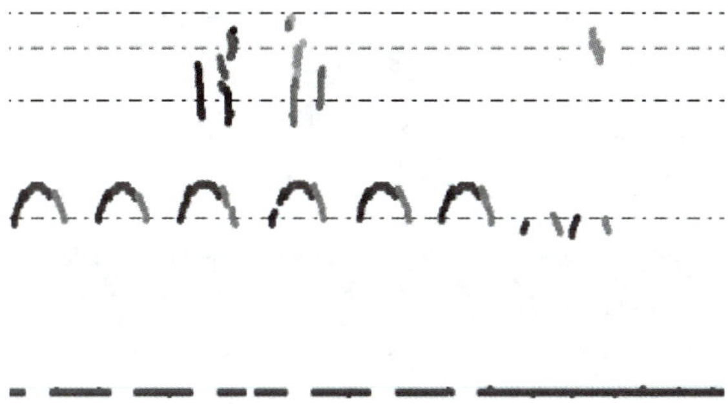

图 15–21　轨头核伤

（7）左侧第三螺孔向第二螺孔水平裂纹（见图 15–22）。

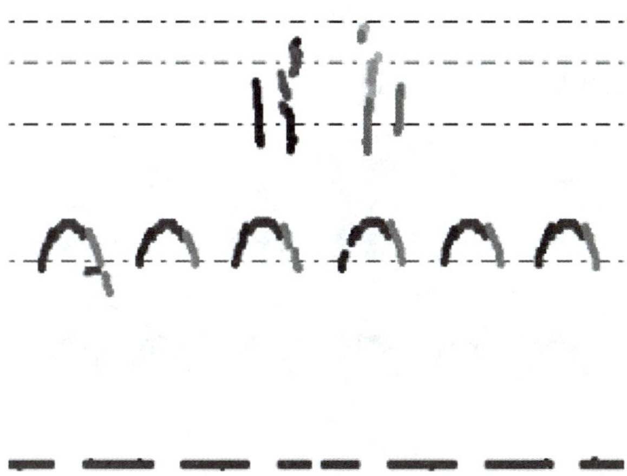

图 15–22　左侧第三螺孔向第二螺孔水平裂纹

（8）左侧第一螺孔向轨端下斜裂纹（见图 15–23），成像发生异位。

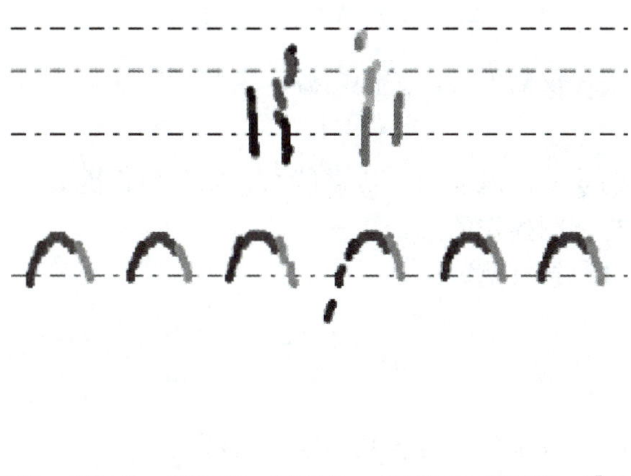

图 15–23　左侧第一螺孔向轨端下斜裂纹

（9）右侧第一螺孔向轨端水平裂纹（见图 15-24），成像发生异位。

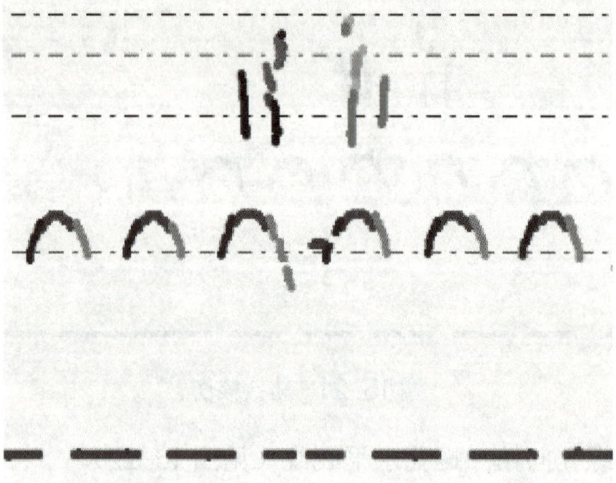

图 15-24　右侧第一螺孔向轨端水平裂纹

（10）右侧轨端水平裂纹（见图 15-25）。

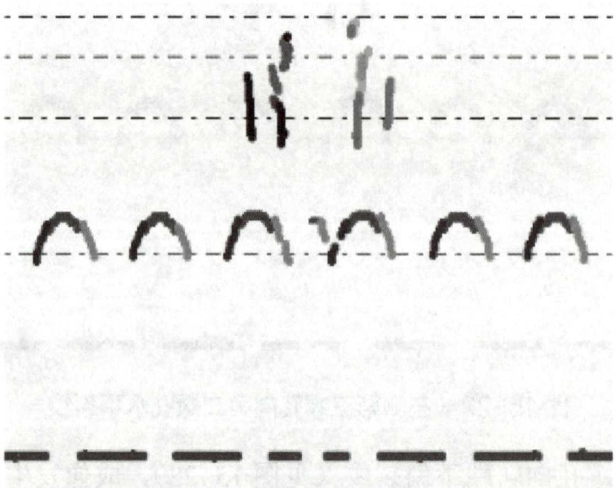

图 15-25　右侧轨端水平裂纹

实训结束后，整理仪器设备，关闭电源，恢复到实训前的状态。

### 4. 考核标准

（1）具有良好的职业沟通能力、协调能力、团队协作能力。

（2）具有安全与文明操作的意识。

（3）判伤正确且记录规范。

## 数字资源

扫描下方二维码获取本部分内容数字学习资源。

## 实训报告

### 1. 基本信息

实训名称：________________________　　日期：______年____月____日

姓名：____________________________　　学号：____________________

班级：____________________________　　组别：____________________

### 2. 实训目的

### 3. 实训设备

### 4. 操作步骤

5. 数据及结论（见表 15–2）

表 15–2　钢轨探伤报告（37° 探头探伤作业）

<table>
<tr><td>轨道编号</td><td></td><td>左右股</td><td></td><td>小车型号</td><td></td></tr>
<tr><td>持车方向</td><td></td><td>试块尺寸</td><td></td><td>探伤方法</td><td></td></tr>
<tr><td>伤损示意图</td><td colspan="5"></td></tr>
</table>

| 伤损编号 | 伤损类型 | 伤损长度 | 伤损深度 | 孔裂方向/底裂位置 | 所用探头通道 | 伤损判定 |
|---|---|---|---|---|---|---|
| 1 | | | | | | |
| 2 | | | | | | |
| 3 | | | | | | |
| 4 | | | | | | |
| 5 | | | | | | |
| 6 | | | | | | |

## 6. 考核评价

## 随堂小测

1. B 型显示主要显示的内容是（　　）。
   A. 缺陷深度及缺陷反射信号幅值、形状
   B. 缺陷深度及其在纵截面上的分布
   C. 缺陷在平面视图上的分布
   D. 三维视图
2. 0° 探头的正常 B 型显示包括（　　）。
   A. 螺孔顶和轨底线　　B. 轨面线和轨颚线
   C. 螺孔中心线和轨底线　　D. 以上全部
3. 核伤位于轨颚附近，核伤在 B 型显示中在（　　）附近。
   A. 轨底线　　B. 轨颚线　　C. 轨面线　　D. 螺孔线
4. 探测轨头中心区域核伤，核伤越深，B 型显示越靠近（　　）。
   A. 轨底线　　B. 轨颚线　　C. 轨面线　　D. 螺孔线

# 实训项目16　钢轨探伤仪日常保养与维护

## 知识概要

钢轨探伤仪属于精密仪器，做好日常的保养和维护可以使其性能稳定，使用寿命延长。

## 学习目标

（1）掌握钢轨探伤仪日常保养与维护的方法。

（2）能够对仪器状态进行判断。

## 基础知识

### 1. 日常保养

（1）外出探伤前要对探伤仪车体进行必要的保养清洁，零件松动的要及时紧固，缺损的要补充、更换。

（2）探伤仪主机配有防雨罩，雨天时使用可以避免主机遭受雨淋。

（3）探伤仪上下轨时要轻放，防止探头架和翻板架受撞击损坏。

（4）探头护套磨损严重的，必须及时更换。更换探头护套时要加耦合剂，一般用凡士林作为护套耦合剂，前后翻板要用黏度较大的耦合剂，以免翻起时漏出。

（5）使用过程中注意保护好编码轮，防止编码轮引线被杂物割断，雨天防止编码轮浸入水中。

（6）不可将电池加热或置于火中，否则有爆炸的危险。

（7）不可使电池受潮或放入水中。

（8）勿将钥匙、硬币、项链等金属制品接触电池电极，防止短路。

（9）应在干燥、阴凉的地方保存，避免在高温区域存放或使用。

（10）不要在高于50 ℃或低于−20 ℃的环境下存放和使用电池。

（11）不要对电池施加外力或使之从高处坠落。

（12）不要使用不良充电器，避免充电不满或损坏电池。

（13）电池长期不使用时，应经常补充损耗的电量，建议每月至少充电一次。

（14）为了延长电池寿命，电池电量用完时应及时充电。

（15）探伤仪的主机为精密电子仪器，在日常使用中应妥善维护，使仪器经常处于良好的工作状态。

（16）调节旋钮、按键时不宜用力过猛，以免损坏按键或者造成按键不灵。

（17）拔插高频插头或电源插头时应抓住接插头的金属部分，以免因拉拔而扭断线或者发生短路。

（18）探伤时应尽量避免强磁场。

（19）应避免水或机油漏入探伤仪主机内部。

（20）应避免强烈振动，探伤仪主机的搬动、运输过程应小心轻放。

（21）探伤仪使用完毕，应立即进行清洁，并储存于干燥地方。

（22）探伤仪的活动部件应经常添加润滑油。

（23）探伤仪在钢轨上推空车或在陆地上行走时，应利用探头架提升机构，尽量将探头悬空，以减少探头护套磨耗。

### 2. 设备的检修

（1）数字式探伤仪主机采用大规模集成电路及 SMT 贴片元件，线路较为复杂。如果出现故障，应送指定检修服务机构或生产厂家检修。

（2）检修所用的测量仪器及电烙铁均应接地良好，以免因漏电而损坏主机的元器件。焊接用的电烙铁宜采用低功率电烙铁，如 25 W。

（3）主机检修时如需拆装集成电路，应使用专用工具。

（4）主机不正常时应先检查电源供给是否正常。

（5）主机结构检修完毕后应将各插件插紧并紧固螺钉，以保证接触状态良好。

## 操作指南

### 1. 所需设备

操作所需的仪器设备及材料见表 16-1。

表 16-1 仪器设备及材料

| 序号 | 仪器设备及材料 | 数量 |
|---|---|---|
| 1 | GCT-8 C 钢轨探伤仪（故障） | 1 |
| 2 | 耦合水 | 适量 |
| 3 | 伤损钢轨 | 适量 |
| 4 | 螺丝刀（十字/一字） | 1 套 |
| 5 | 扳手 | 1 套 |
| 6 | 钳子 | 1 |

### 2. 人员分工

每组 5～8 人，集体讨论，轮流操作。

### 3. 操作步骤

#### 1）仪器检查

（1）检查探头外观及探头线有无松动。

（2）将充好电的电池组安装到位。

（3）将钢轨探伤仪置于轨面上，在仪器走行轮位置正常的前提下调节各探头位置，使其位于轨面中心。

（4）检查各探头和轨面的耦合情况，必要时调节探头压力螺栓，使探头和轨面压力适中，耦合良好。

（5）打开仪器电源开关，检查仪器显示是否正常。

（6）打开仪器水阀，观察出水状态。

（7）调整各探头通道灵敏度，检查探头灵敏度状态。

（8）推行一段距离，观察仪器 A 型显示、B 型显示出波是否正常。

（9）进入波形回放界面，检查仪器记录功能是否正常。

#### 2）仪器养护与检修

仪器常见故障及处理方法如表 16-2 所示。

表 16-2　仪器常见故障及处理方法

| 序号 | 故障现象 | 可能原因 | 处理方法 |
|---|---|---|---|
| 1 | 开机，主机不工作，无显示 | ① 电池没电；<br>② 电池没有安装到位；<br>③ 电源开关按下时间过短；<br>④ 主机主板纽扣电池没电 | ① 更换电池；<br>② 检查电池是否插好，插头位置是否对正；<br>③ 长按开机键重新开机；<br>④ 拧下主机后方两侧螺丝，向前拔出主机，更换主板纽扣电池 |
| 2 | 开机后自动关机 | 电池电压不足 | 电池充电 |
| 3 | 个别通道探伤灵敏度极低 | ① 高频插头接触不良；<br>② 探头损坏；<br>③ 探头线折断短路或接触不良；<br>④ 护套耦合剂缺失 | ① 检修高频插头；<br>② 更换探头；<br>③ 更换探头线；<br>④ 补充耦合剂 |
| 4 | 电池供电小于 8 h | ① 电池电量不足；<br>② 电池老化 | ① 充足电后重新投入使用；<br>② 更换电池 |
| 5 | 全程记录功能不正常 | ① 起始点未设置；<br>② 里程计数不准确；<br>③ GPS 定位没有启用 | ① 检测前先设置起始点；<br>② 检查编码轮（后尼龙轮）有无故障；<br>③ 连接 GPS 模块 |

### 4. 考核标准

（1）具有良好的职业沟通能力、协调能力、团队协作能力。

（2）具有安全与文明操作的意识。

## 实训报告

### 1. 基本信息

实训名称：______________________　日期：______年____月____日

姓名：______________________　学号：______________________

班级：______________________　组别：______________________

### 2. 实训目的

### 3. 实训设备

### 4. 操作步骤

### 5. 数据及结论

仪器检修中发现故障____处，故障描述：

______________________________________________________________

______________________________________________________________

______________________________________________________________。

处理方法：

______________________________________________________________

______________________________________________________________

______________________________________________________________。

### 6. 考核评价

## 随堂小测

1. 更换探头护套时要注意加耦合剂，一般用（　　）。
   A. 机油　　B. 甘油　　C. 润滑脂　　D. 凡士林
2. 电池长期不使用时，应（　　）充电一次。
   A. 每周　　B. 每月　　C. 每季度　　D. 每年
3. 探头护套使用一定时间后磨损严重，应（　　）。
   A. 添加耦合剂　　B. 及时更换　　C. 调换方向　　D. 打磨平整
4. 编码轮是仪器上的（　　）。
   A. 前尼龙轮　　B. 前侧轮　　C. 后尼龙轮　　D. 后侧轮

# 实训项目 17　钢轨探伤安全防护与标准化作业

## 知识概要

在铁路运营线上进行探伤作业，安全防护是确保行车安全和作业安全的重要手段。在列车重载高速运行的条件下，安全防护工作直接关系到行车安全，关系到国家财产和人民的生命安全。

标准化作业把复杂的管理和程序化的作业有机地融合为一体，使管理有章法、工作有程序、动作有标准，使每个作业人员都按照安全、省力、统一的作业方法工作，既有利于探伤队伍的管理，同时也减少了人为因素引起的伤损漏检。

## 学习目标

（1）掌握钢轨探伤安全防护作业要求。

（2）掌握钢轨探伤标准化作业流程。

## 基础知识

### 1. 钢轨探伤安全防护作业要求

#### 1）上道前的防护

每作业班组应设 3～4 名防护员（单线地段：驻站 1 人、前后防护 2 人、随机防护 1 人；复线地段：驻站 1 人、来车方向防护 1 人、随机防护 1 人，防护人员不得兼做其他岗位的工作）。在区间内探伤时，若作业地点距车站较远，则可不设驻站防护员，但在车站内或车站附近作业时必须设驻站防护员。

驻站防护员必须提前 40 min 到达车站行车室，经车站值班员在驻站联络派遣单上签字确认后，驻站防护员及时通知带班人和现场防护员。当作业地段在天窗范围内时，应同时将天窗起讫时间通知带班人和现场防护员。

作业人员到达计划进网地点集中列队后，由现场防护员开展进网前安全防护布置并录音（非封闭线路区段为上道前），标准用语为："我是防护员×××，今天由我为大家防护，请大家服从我的安全防护指令，严格遵守'五条禁令'：① 提前进入栅栏网，谁进入谁待岗；② 严格执行栅栏开关门带班人负责制，否则谁开门谁待岗；③ 上道前实行防护员布置制，未布置，谁上道谁待岗；④ 未经防护员'手比、眼看、口呼'确认上道，谁上道谁待岗；⑤ 未达到规定作业负责人的资格条件，谁干谁待岗。下面请带班人×××打开通道门。"

现场防护员应根据当日作业计划，由带班人打开栅栏门后，在与驻站防护员保持联系的前提下，提前到达前后防护规定距离，并通知作业负责人。

(1)带班人确认驻站防护员、现场防护员分别到达指定地点。

联控用语:

带班人:“××(驻站防护员),请报告你的位置。”

驻站防护员:“××(驻站防护员),已到达行车室。”

带班人:“已到达行车室,现场明白。”

带班人:“××(现场防护员),请报告你的位置。”

现场防护员:“××(现场防护员),已到达××地点。”

带班人:“已到达××地点,现场明白。”

(2)带班人与驻站防护员联系确认列车运行情况。

联控用语:

带班人:“××站驻站防护员,上(下)行线××公里××米处作业班准备上道,请通报列车运行情况。”

驻站防护员:“上下行均无列车通过。”或“上(下)行列车已到达××公里。”或“上(下)行列车××站到达(发车)。”

带班人:“上下行均无列车通过。”或“上(下)行列车已到达××公里。”或“上(下)行列车××站到达(发车)。”“现场明白。”

(3)带班人确认无列车通过后发布上道命令。

联控用语:

带班人:“现已上道,请驻站防护员、现场防护员保持联系,及时通报列车运行情况。”

驻站防护员:“××(驻站防护员)明白。”

现场防护员:“××(现场防护员)明白。”

2)作业中的防护

驻站防护员必须加强与车站值班员的联系,全面了解、掌握列车运行情况,及时将每趟列车车次、来车方向等告知现场防护员。

现场防护员选择瞭望地点,接到驻站防护员通知或发现来车时及时通知检查人员停止检查或下道避车。再次上道时,由工地防护员执行“手比、眼看、口呼”制度,作业负责人在确认工地防护员准许上道口令后方可指挥作业人员上道。

随机防护员随机移动,必须每 3 min 与驻站防护员、前后防护员联系一次。当联络中断时,作业负责人应立即停止作业,并将人员及探伤仪器撤至限界以外。

(1)预报信号。

预报信号是提醒现场作业人员,作业地点前方站出站信号已开放或列车已从前方站发出的信号。带班人应结合现场作业地点与车站距离、作业项目、列车运行速度等因素来确定本线和邻线预报信号发出时间。必须保证留足恢复线路正常放行列车条件时间及保证规定下道距离时间。

驻站防护员:“××防护员,上行列车已到达××公里(××站),请注意!”

现场防护员:“上行列车已到达××公里(××站),防护员明白。”

(2)警报信号。

警报信号发出后表明列车已经接近,必须立即下道,且保证下道距离。

驻站防护员:“××防护员,上(下)行列车到达××公里(××地点),请下道!”

现场防护员："上（下）行列车到达××公里（××地点），立即下道！"

前防护员或后防护员发现列车后，应立即用对讲机通知现场作业人员，并出示信号旗接车，吹笛（喇叭）警示。

（3）避车。

按列车运行速度确认人员、机具安全距离。作业班列队面向列车尾部避车，防护员确认自身站位。

（4）列车通过后。

现场防护员："××（驻站防护员），××次已通过，可否上道？"

驻站防护员："可以上道"或报告列车运行情况。

现场防护员："明白。"

现场防护员收到命令后向带班人举单臂，示意可以上道。当仍有列车通过不能上道时，应向现场继续发出警报听觉信号，确保避车状态。带班人收到听觉信号后向现场防护员举臂示意。

（5）再次上道。

再次上道仍按上述程序执行。

#### 3）防护作业的规定

（1）作业中的安全规定。

① 所有作业人员、各级检查人员必须按规定穿着统一发放的黄马甲；不得戴连体帽，防寒帽必须有耳孔且外露；严禁穿高跟鞋、易滑鞋和戴有色眼镜；必须扣紧纽扣，系紧鞋带；作业时严禁接打手机。

② 设备检查：遇有降雾、暴风雨（雪）、扬沙等瞭望不良天气，严禁上线检查设备；设专人防护，防护员不得兼做记录；复线区段必须迎列车开来方向行走。

③ 防护员必须熟知当日作业范围内的图定旅客列车通过时刻，穿着规定的防护马甲，携带防护备品、防护员手册，持证上岗；按规定距离防护，随时与驻站防护员保持联系，执行复诵制度，掌握列车运行情况；按规定时间和距离通知、督促作业人员下道避车；防护员不得兼做其他工作。

④ 步行上下班时，单线区间应在路肩或路旁走行；在双线区间，应面迎列车方向；通过桥梁、道口或横越线路时，应做到"一停、二看、三通过"，严禁来车时抢越。在站内若必须走行道心时，应在其前后设置专人防护。当进路信号辨认不清时，应及时下道避车。

（2）作业人员下道避车时应遵守的规定。

距钢轨头部外侧距离：① 当 $V_{max}\leqslant$120 km/h 时，一般应不小于 2 m；② 当 120 km/h$<V_{max}\leqslant$160 km/h 时，不小于 2.5 m；③ 当 160 km/h$<V_{max}\leqslant$200 km/h 时，不小于 3.0 m；④ 动车组，不小于 3.0 m。

本线来车按下列距离下道：① 当 $V_{max}\leqslant$60 km/h 时，不小于 500 m；② 当 60 km/h$<V_{max}\leqslant$120 km/h 时，不小于 800 m；③ 当 120 km/h$<V_{max}\leqslant$160 km/h 时，不小于 1 400 m；当 160 km/h$<V_{max}\leqslant$200 km/h 时，不小于 2 000 m；④ 动车组提前 10 min。

邻线（线间距小于 6.5 m）来车时下道规定：本线不封锁时，① 当邻线 $V_{max}\leqslant$60 km/h 时，本线可不下道；② 当 60 km/h$<$邻线 $V_{max}\leqslant$120 km/h 时，来车可

不下道，但本线必须停止作业；③ 当邻线 $V_{max}$>120 km/h 时，下道距离不小于 1 400 m；④ 动车组提前 15 min；⑤ 当瞭望条件不良、邻线来车时本线必须下道。本线封锁时，① 当邻线 $V_{max}$≤120 km/h 时，本线可不下道；② 当 120 km/h<邻线 $V_{max}$≤160 km/h 时，本线可不下道，但本线必须停止作业；③ 当邻线 $V_{max}$>160 km/h 时，本线必须下道，距离不小于 2 000 m；④ 动车组提前 5 min。

在站内其他线路作业，躲避本线列车时，下道距离不小于 500 m；当邻线来车时，与正线相邻的站线按规定办理，其他站线可不下道，但必须停止作业。列车进路不明时必须下道避车。

速度小于 120 km/h 的区段，当瞭望条件大于 2 000 m 以上时，钢轨探伤小车、轨道检查小车作业，邻线来车可不下道；人员下道避车时应面向列车认真瞭望，防止列车上的抛落、坠落物或绳索伤人；人员下道避车的同时，必须将作业机具、材料移出线路，且不得侵入限界，放置、堆码牢固。两线间不得停留人员和放置机具、材料。

### 2. 钢轨探伤标准化作业流程

钢轨探伤作业应按表 17-1 所示的程序执行。

表 17-1　钢轨探伤标准化作业程序

| 程序 | 内容 | 要求 | 执行者 |
|---|---|---|---|
| 作业前准备 | 班前会前检查上道仪器状态、防护用品、各类备品数量、《工探-1》、《工探-2》、《工探-3》、《工探-4》，安排当日作业计划 | 仪器正常，防护和各类备品及探伤记录本齐全 | 作业负责人 |
| | 召开班前会，检查人员是否穿戴好劳动防护用品，下达当天任务、人员分工和作业要求，布置安全事项，并将有关安排和要求填入《工探-4》 | 劳动防护用品齐全；说明任务地段地形及钢轨状态，明确责任，告诫安全；安全值日员重点提出安全事项 | 作业负责人、安全值日员 |
| | 各岗位人员检查岗位工具（仪器或防护用品）及备品，确认工具状态与性能 | 仪器紧固件齐全有效，翻板起落架灵活，连线接点良好，探头符合要求，电压正常，水路无阻，仪器性能良好、灵敏度达到要求，备品齐全，防护用品齐全有效 | 执仪探伤工、防护员 |
| | 随机携带《工探-1》《工探-2》《工探-3》《工探-4》 | 了解本次任务区段上次探伤情况、伤损状态，及时提醒执仪人员，并做好记录准备 | 记录者 |
| 基本作业 | 按规定设置防护，确认防护正确有效后发布上道作业命令 | 遵章守纪，按章办事 | 中间防护员、作业负责人 |
| | 开启电源，确认仪器正常；正确输入探伤线别（车站）、行别（股道）、里程、股别、轨型等信息并校准时间；前日探伤数据清零；连接并确认 GPS 状态。在 A 型显示状态下，调用基准探伤参数，进行灵敏度修正 | 通电后仪器显示正常；基本参数输入准确；探头位置准确，探头耦合良好；调用参数，修正后仪器灵敏度达标；B 型显示准确、正常；GPS 正常（无安装的，可以不进行）；作业负责人必须复核确认 | 执仪探伤工、作业负责人 |
| | 发现可疑波形和报警，必须认真分析，校对确认 | 用校对探头采用不同方法核对确认，并与上次探伤结果进行比较 | 作业负责人、执仪探伤工 |

续表

| 程序 | 内容 | 要求 | 执行者 |
|---|---|---|---|
| 基本作业 | 按规定速度及要领进行探伤；精神集中，目视仪器，耳听报警，推车平稳，随时注意掌控仪器；注意做好各种标记（如焊缝和道岔）；整公里标处必须进行里程校正；更换持仪人员时必须输入相应工号；双机作业时，两机距离应不大于 25 m | 倾听报警，注意反射波形；探伤速度符合规定要求；各类标记正确、位置准确；里程校正及时准确；执仪人员连续作业里程不得超过 2 km。执仪助手必须紧随仪器，细听报警，随时注意探头状态并提醒执仪人员，对关键部位进行手工检查，同时注意瞭望；遵守作业纪律，严禁闲谈 | 执仪探伤工、助手 |
| | 确认钢轨伤损，及时填写“伤损记录表”（《工探–2》），并在轨腰相应处画出伤损符号，重伤钢轨要填写“重伤钢轨通知单”（《工探–1》） | 在仪器内钢轨伤损处标记相应伤损符号，同时在钢轨伤损处用白铅油做标记；“重伤钢轨通知单”应及时送交线路工区签字确认 | 记录者 |
| | 无水时提前加好耦合水；来车时应及时下道避车，下道避车应符合相关规定 | 确保耦合良好，确保安全避车；避车后再次上道作业时应在下道位置后退 2 m 以外进行探伤 | 执仪探伤工、助手 |
| | 遇轨面有沙垢锈蚀时，应清理干净，确保探头与轨面接触良好 | 因钢轨轨面不良导致仪器无法探测时应进行手工检查，并在《工探–4》和《工探–3》中记录 | 作业负责人、执仪探伤工 |
| 作业后整理 | 作业完毕后，下载当日作业数据；关闭电源，放尽耦合水，擦净仪器且置于干燥通风处，并及时充电 | 每台仪器分别用 2 个不同 U 盘下载 1 次，确保数据有效；维护好探伤仪，确保下次探伤时能正常使用；仪器数据保留至第二日作业前 | 执仪探伤工、助手 |
| | 开好完工会，做当日工作小结及次日工作预报；及时向车间、工务段调度汇报任务完成情况，并向相关部门递交当日探伤数据 | 作业小结分析准确，数据传递及时有效 | 作业负责人 |

## 操作指南

### 1. 所需设备

操作所需的仪器设备及材料见表 17–2。

表 17–2　仪器设备及材料

| 序号 | 仪器设备及材料 | 数量 |
|---|---|---|
| 1 | GCT–8 C 钢轨探伤仪 | 1 |
| 2 | U 盘 | 2 个 |
| 3 | 耦合水 | 适量 |
| 4 | 探头（校定及备用） | 1 套 |

续表

| 序号 | 仪器设备及材料 | 数量 |
|---|---|---|
| 5 | 防护服（黄马甲） | 1 套/人 |
| 6 | 对讲机 | 4 台/组 |
| 7 | 信号旗、响墩、火炬、喇叭等防护设备 | 适当 |
| 8 | 直尺 | 1 |
| 9 | 卷尺 | 1 |
| 10 | 白铅油及油刷 | 1 套 |
| 11 | 活口扳手 | 1 |

此外，冬季探伤时还需准备防冻耦合剂，夜间及隧道内检查时还需准备照明器具。

### 2. 人员分工

每组 5～8 人，集体讨论，轮流操作。

### 3. 操作步骤

按钢轨探伤标准化作业程序开展作业，并注意以下作业要领及基本要求。

（1）保持规定的探测速度，做到接头站、小腰慢、大腰均匀。普通线路地段速度不大于 2 km/h，无缝线路地段速度不大于 3 km/h，作业过程中严禁超速。

（2）每探伤 1～2 km 更换执机人员，双机作业时两机间的距离应不超过 25 m。复线区段应迎着来车方向探伤。

（3）普通钢轨接头探伤作业。

① 探测时必须做到“站停看波”。

② 当钢轨接头出波显示不完整时，必须回拉仪器进行复核。

③ 使用 A 型显示探伤时，必须执行“三看”的探测要领。

④ 应重点关注轨端 1 m 范围内的核伤探测。

（4）伤损标记要求。

现场伤损用白铅油在钢轨轨腰处做标记，伤损位置处用箭头做明显标记，伤损标记应打在距伤损 400 mm 处，以避免利用鼓包夹板加固时被遮挡。伤损标记见表 17–3。

表 17–3　伤损标记

| 伤损种类 | 伤损范围及标记 | | 说明 |
|---|---|---|---|
| | 连续伤损 | 单点伤损 | |
| 轻伤 | \|←Δ→\| | ↑Δ | 用白铅油做标记 |
| 轻伤有发展 | \|←ΔΔ→\| | ↑ΔΔ | 用白铅油做标记 |
| 重伤 | \|←ΔΔΔ→\| | ↑ΔΔΔ | 用白铅油做标记 |

（5）记录与通知单填写（见表 17–4 和表 17–5）。

表 17–4　伤损记录表（《工探–2》）

| 线别 | 行别 | 里程（车站岔号） | 轨号 | 股别 | 初次检查 | | 上次检查 | | 本次检查 | | 监控处理措施 | 探伤人签认 | 备注 |
|---|---|---|---|---|---|---|---|---|---|---|---|---|---|
| | | | | | 发现时间 | 伤损情况 | 检查时间 | 伤损情况 | 检查时间 | 伤损情况 | | | |
| | | | | | | | | | | | | | |
| | | | | | | | | | | | | | |
| | | | | | | | | | | | | | |
| | | | | | | | | | | | | | |
| | | | | | | | | | | | | | |
| | | | | | | | | | | | | | |
| | | | | | | | | | | | | | |
| | | | | | | | | | | | | | |

表 17–5　重伤钢轨通知单（《工探–1》，一式三份）

No:

＿＿＿＿＿＿＿＿＿工务段　　＿＿＿＿＿＿＿＿＿＿＿＿＿＿

<table>
<tr><td>伤轨地点</td><td colspan="3">线上、下行 K　　　　　　，轨号　　　　　　左右股</td></tr>
<tr><td>伤损情况</td><td colspan="3"></td></tr>
<tr><td>发现时间</td><td>年　月　日　时　分</td><td rowspan="5">处理情况</td><td rowspan="5">汇报人：<br>当班调度：</td></tr>
<tr><td>探伤工姓名</td><td></td></tr>
<tr><td>报告人姓名</td><td>日　时　分</td></tr>
<tr><td>线路车间签认</td><td>日　时　分</td></tr>
<tr><td>当班调度员</td><td>日　时　分</td></tr>
<tr><td>备注</td><td colspan="3"></td></tr>
</table>

第一联：报告人交探伤车间

### 4. 考核标准

（1）具有良好的职业沟通能力、协调能力、团队协作能力。

（2）具有安全与文明操作的意识。

（3）作业程序标准化程度较高。

## 实训报告

### 1. 基本信息

实训名称：________________　日期：____年____月____日

姓名：________________　学号：________________

班级：________________　组别：________________

### 2. 实训目的

### 3. 实训设备

### 4. 操作步骤

### 5. 数据及结论（见表 17-6 和表 17-7）

表 17-6　伤损记录表（《工探-2》）

| 线别 | 行别 | 里程（车站岔号） | 轨号 | 股别 | 初次检查 | | 上次检查 | | 本次检查 | | 监控处理措施 | 探伤人签认 | 备注 |
|---|---|---|---|---|---|---|---|---|---|---|---|---|---|
| | | | | | 发现时间 | 伤损情况 | 检查时间 | 伤损情况 | 检查时间 | 伤损情况 | | | |
| | | | | | | | | | | | | | |
| | | | | | | | | | | | | | |
| | | | | | | | | | | | | | |
| | | | | | | | | | | | | | |
| | | | | | | | | | | | | | |
| | | | | | | | | | | | | | |
| | | | | | | | | | | | | | |
| | | | | | | | | | | | | | |

表 17-7 重伤钢轨通知单（《工探-1》，一式三份）

No:

________工务段 ________

<table>
<tr><td>伤轨地点</td><td colspan="3">线上、下行 K ，轨号 左右股</td></tr>
<tr><td>伤损情况</td><td colspan="3"></td></tr>
<tr><td>发现时间</td><td>年 月 日 时 分</td><td rowspan="5">处理情况</td><td rowspan="5">汇报人：<br>当班调度：</td></tr>
<tr><td>探伤工姓名</td><td></td></tr>
<tr><td>报告人姓名</td><td>日 时 分</td></tr>
<tr><td>线路车间签认</td><td>日 时 分</td></tr>
<tr><td>当班调度员</td><td>日 时 分</td></tr>
<tr><td>备注</td><td colspan="3"></td></tr>
</table>

第一联：报告人交探伤车间

## 6. 考核评价

## 随堂小测

1. 探伤从业人员应具有高中及以上文化程度，能胜任探伤工作，执机人员必须具有（　　）或以上级别的探伤人员技术资格。

A. Ⅰ级　　B. Ⅱ级　　C. Ⅲ级　　D. 初级探伤工

2. 探伤时应保持规定的探测速度，普通线路不少于（　　）km/h。

A. 5　　B. 4　　C. 3　　D. 2

3. 焊缝探伤作业人员必须持有无损检测超声波探伤（　　）及以上资格证书，并经钢轨探伤培训且合格者。

A. Ⅰ级　　B. Ⅱ级　　C. Ⅲ级　　D. 初级探伤工

4. 一般既有线大多数站段采用的探伤方式是（　　）。

A. 小型探伤仪和大型探伤车并重

B. 以小型探伤仪为辅、大型探伤车为主

C. 以小型探伤仪为主、大型探伤车为辅

D. 以小型探伤仪为主、双轨式自运行小车为辅

# 第三部分

# 伤损定量与焊缝探伤

## 实训项目 18　认识通用数字探伤仪

### 知识概要

自 1980 年以来，超声波探伤仪进入数字化探索阶段，“硬件+软件”的概念被逐渐应用到超声波探伤仪研制领域，但体积大、重量较重、功能较差、数据存储有限等缺点也直接制约着数字超声波探伤仪的发展和推广。因此，数字便携式超声波探伤仪的概念被提出。

所谓数字超声波探伤仪，主要是指发射、接收电路的参数控制和接收信号的处理、显示均采用数字式的仪器。不同的是制造商生产的数字超声波探伤仪，可能会采用不同的电路设置，保留的模拟电路部分也不相同。但最主要的是，探头接收的超声波信号需经模/数转换、数字处理后显示出来。

通用探伤仪 CTS−9003 是常用的探伤仪器，对其性能的掌握有助于后续的学习。

### 学习目标

（1）了解 CTS−9003 型仪器的界面。

（2）掌握 CTS−9003 型仪器的基本操作。

（3）能够找到始波并调整至 0 刻度附近。

### 基础知识

#### 1. 仪器界面

CTS−9003 型仪器的界面分为中央屏幕区、下方主菜单按键区、左侧快捷键按键区和右侧子菜单按键区，具体界面及按键名称如图 18−1 所示。

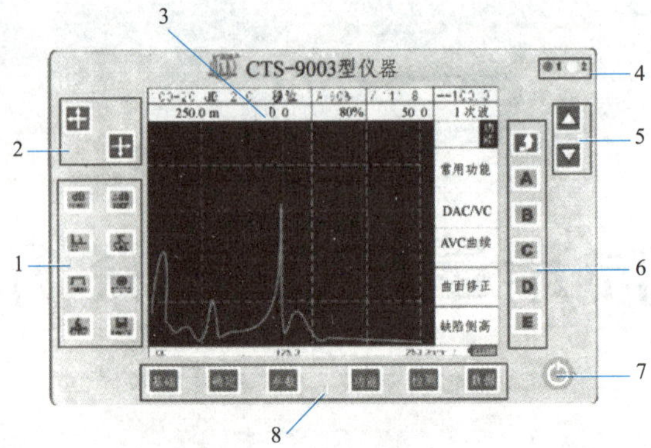


1—快捷键；2、5—调节键；3—显示屏；4—闸门报警灯；6—子菜单键；7—电源开关键；8—主菜单按键。

图 18-1　CTS-9003 型仪器界面

显示屏显示区域划分如图 18-2 所示。

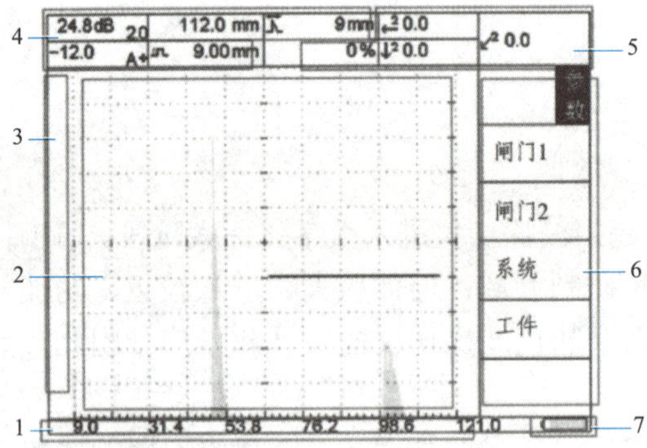


1—水平刻度显示区；2—波形显示区；3—功能符号显示区；4—常用参数显示区；
5—探伤结果显示区；6—子菜单显示区；7—电池电量显示区。

图 18-2　CTS-9003 型仪器显示屏显示区域划分

常用参数显示区各区域含义如图 18-3 所示。

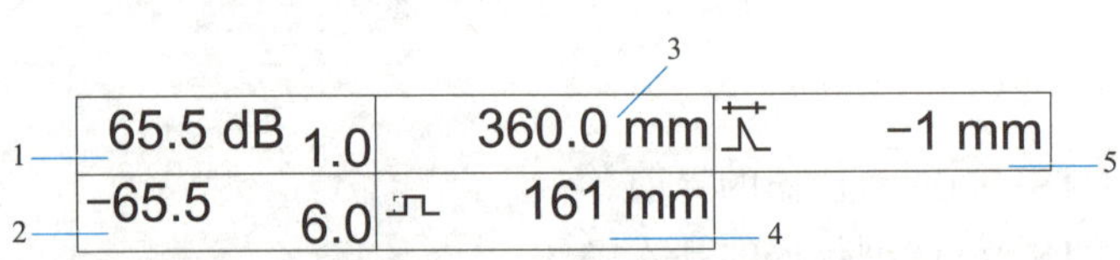


1—分贝值；2—分贝差值；3—范围；4—闸门 1 参数；5—位移。

图 18-3　常用参数显示区各区域含义

探伤结果显示区各区域含义如图 18-4 所示。

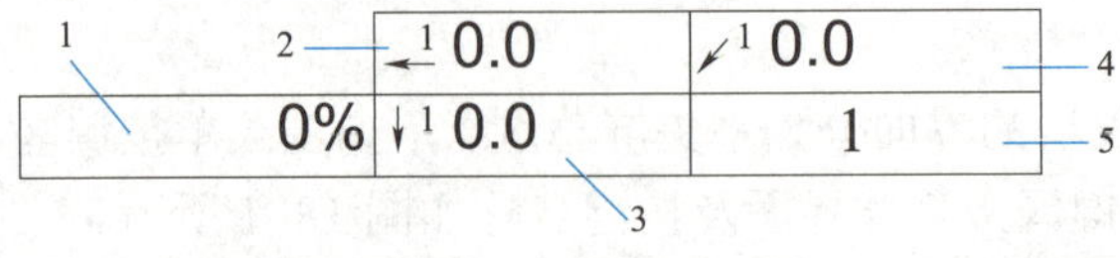


1—闸门内波形高度；2—闸门内回波水平距离；3—闸门内回波深度；4—闸门回波声程；5—回波波次。

图 18-4　探伤结果显示区各区域含义

CTS-9003 型仪器后面板上有各类接口及电池，具体如图 18-5 所示。

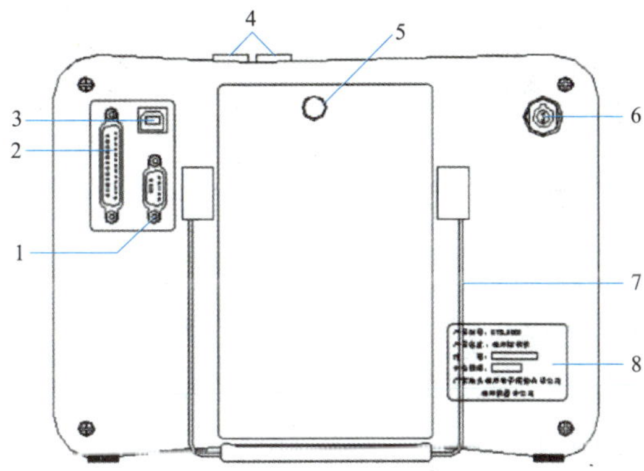


1—串行接口；2—打印机接口；3—USB 接口；4—探头接口；5—电池盒锁紧机构；6—电源输入接口；
7—仪器支撑角度调节机构（又称捉手）；8—仪器铭牌。

图 18-5　CTS-9003 型仪器后面板

## 2. 仪器按键及功能

### 1）8 个快捷键

：“增益”快捷键；

：“ΔdB”快捷键；

：“范围”快捷键；

：“位移”快捷键；

：“闸门 1”快捷键；

：“冻结”快捷键；

：“峰值”快捷键；

：“存储”快捷键。

### 2）6 个主菜单键

：“基础”菜单键；

：“标定”菜单键；

：“参数”菜单键；

：“检测”菜单键；

：“功能”菜单键；

：“数据”菜单键。

3）6 个子菜单键

：“上翻”子菜单键；

：“A”子菜单键；

：“B”子菜单键；

：“C”子菜单键；

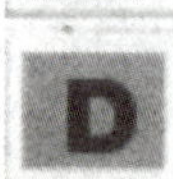

：“D”子菜单键；

：“E”子菜单键。

4）4 个调节键

：位置“调节键+”；

：位置“调节键-”；

：数值“调节键+”；

：数值“调节键-”。

### 3. 菜单设置说明

1）“基础” | “发射”

工作方式：探头工作方式有单、双两种，可根据需要选择。

发射强度：激励探头电压有强、弱两挡，一般选择强。

阻尼：探头匹配阻尼，有 400 Ω、150 Ω、80 Ω、60 Ω 4 挡，选择 400 Ω。

频率调节：频率调节方式有自动和手动两种，选择自动。

2）“基础” | “接收”

频带：宽为 0.5～15 MHz，窄为 2.0～3.0 MHz，根据需要选择。

检波方式：有正半波、负半波、全波 3 种，选择全波。

抑制：0～99%，在探伤灵敏度下，有杂波时才启动。

单位：探伤结果显示区单位，有毫米和微秒两种，选择毫米。

声速：声波在工件中传播的速度，默认为 5 900 m/s（也可以用标定值）。

3）“基础”｜“探头”

探头形式：有直、斜、小角度 3 种，根据需要选择。

晶片：晶片频率及尺寸与探头编码一致。

*K* 值：*K* 值及角度，直探头探伤时无须设置。

探头延时：所设置的数值要保证当闸门罩住底波时，显示的垂直深度与工件高度一致（也可以用标定值）。

前沿距离：直探头探伤不需要设置。

4）“基础”｜“显示”

刻度：回波在不同坐标轴上的声程投影值，有水平、深度、声程、普通（照顾模拟仪器使用者习惯）4 种，一般选择声程。

波形：波形的显示方式，有实心和空心两种。当扫查或仪器在户外使用时，实心效果明显，一般选择实心。

亮度：显示屏亮度调节，从最暗到最亮，功耗也随之增加，根据需要选择。

5）“参数”｜“闸门 1”

门位：闸门 1 起位，一般在快捷键中操作。

宽度：闸门 1 宽度，一般在快捷键中操作。

门高：闸门 1 高度，一般在快捷键中操作。

报警方式：闸门 1 报警方式，有进波和失波两种，选择进波报警。

6）“开/关”

闸门 1 的开启或关闭，选择开启。

7）“参数”｜“闸门 2”

同闸门 1，只是控制第 2 个闸门。注意：闸门 2 一般置于关闭状态。

8）“参数”｜“系统”

报警声音：闸门报警声音开启或关闭，选择开启。

设定自动增益范围：5%～100%，置于 80%，即基准波高。

处理方式：显示波形的数据处理方式，有平均、峰值两种，选择平均。

9）“参数”｜“工件”

材料：提供 30 余种材料，选择钢。

10）“参数”｜“高级”

测量模式：前沿和峰值，选择峰值。

## 操作指南

### 1. 所需设备

操作所需的仪器设备及材料见表 18-1。

表 18-1　仪器设备及材料

| 序号 | 仪器设备及材料 | 数量 |
| --- | --- | --- |
| 1 | CTS-9003 型仪器 | 1 |
| 2 | 2.5P20 直探头 | 1 |
| 3 | CSK-IA 试块 | |

### 2. 操作步骤

（1）将 2.5 MHz 直探头连接至仪器插座。

（2）调节仪器工作方式为单探头，探头形式为直探头，设置探头频率及尺寸与探头编码一致。

（3）调节仪器发射强度，置于强挡。

（4）调节阻尼为 400 Ω。

（5）调节频率为自动。

（6）调节检波方式为全波。

（7）调节抑制为 0。

（8）调节单位为毫米。

（9）设置探头延时，使当闸门罩住底波时显示的垂直深度与工件高度一致。

### 3. 考核标准

（1）仪器操作方法正确。

（2）能准确指出仪器每个部分的名称及作用。

（3）熟知菜单参数的含义，能熟练操作菜单。

（4）具有良好的职业沟通能力、协调能力、团队协作能力。

（5）具有安全与文明操作的意识。

（6）当闸门罩住底波时显示的垂直深度与工件高度一致。

## 数字资源

扫描下方二维码获取本部分内容数字学习资源。

## 实训报告

### 1. 基本信息

实训名称：______________________________　日期：______年____月____日

姓名：________________________________　学号：____________________

班级：________________________________　组别：____________________

### 2. 实训目的

### 3. 实训设备

### 4. 操作步骤

### 5. 数据及结论

用直探头检测 CSK-IA 试块 100 mm 大平底，仪器显示的垂直深度为_____ mm。

### 6. 考核评价

## 随堂小测

1. 数字超声波探伤仪是指（　　）。
   A. 电路的参数控制和接收信号的处理、显示均采用数字式的仪器
   B. 采用数字设备分析波形的仪器
   C. 采用数字技术发射和接收超声波的仪器
   D. 采用数字显示设备的仪器
2. 下列关于数字超声波探伤仪的说法，正确的是（　　）。
   A. 数字超声波探伤仪中没有模拟电路
   B. 数字超声波探伤仪发出数字信号进行探测
   C. 数字超声波探伤仪探头接收的超声波信号需进行模/数转换
   D. 数字超声波探伤仪接收到的是数字信号
3. 与模拟式超声波探伤仪相比，数字超声波探伤仪的优势有（　　）。
   A. 体积小　　　　B. 功能全面
   C. 可以储存和回放数据　　　　D. 以上全部
4. 模/数转换器的主要作用是（　　）。
   A. 将接收的模拟信号转换为数字信号
   B. 将发射的模拟信号转换为数字信号
   C. 将发射的数字信号转换为模拟信号
   D. 将接收的数字信号转换为模拟信号

# 实训项目 19　通用数字探伤仪的参数标定

## 知识概要

通用数字探伤仪的参数标定是指对探头、仪器的参数和性能进行标定与测试的过程，探头、仪器的参数误差过大将直接影响超声波探伤的检测精度，应定期对探头、仪器进行各类参数的标定和测试，并及时更换或维修存在问题的组件。

## 学习目标

（1）掌握水平线性和垂直线性的测试方法。
（2）掌握动态范围和灵敏度余量的测定方法。
（3）掌握直探头声速和延时的标定方法。
（4）掌握斜探头延时及前沿的标定方法。
（5）掌握斜探头 $K$ 值的标定方法。
（6）掌握斜探头 DAC 曲线的制作方法。
（7）掌握直探头 AVG 曲线的制作方法。
（8）掌握斜探头声轴偏角和扩散角的测定方法。
（9）掌握盲区和分辨力的测定方法。

## 基础知识

### 1. 水平线性和垂直线性

水平线性的好坏直接影响仪器对伤损定位的精度，垂直线性的好坏直接影响仪器对伤损定量的精度，所以有必要经常检测仪器的水平线性和垂直线性。

### 2. 动态范围和灵敏度余量

动态范围的好坏会影响伤损定量大小，灵敏度余量的大小直接影响发现缺陷的能力，所以需要经常检测这两项指标。

### 3. 直探头声速和延时

纵波在钢中的传播速度默认为 5 900 m/s，但由于钢材制造时晶粒不一定均匀，导致声速有偏差，声速的偏差会影响伤损的定位精度，所以要测声速的真实值。探头发送的超声波穿过前面的保护膜所需的时间即为延时，延时不标定也会影响伤损定位的精度。

### 4. 斜探头延时及前沿

斜探头发送超声波穿过斜楔块（有机玻璃）所用的时间即为斜探头的延时，与直探头一样，延时会影响伤损定位的精度。斜探头的前沿是探头的入射点至探头前沿的距离，测定前沿有利于对伤损进行快速定位。

### 5. 斜探头 *K* 值

生产误差或探头磨耗均可造成探头的折射角正切值（*K* 值）偏离标称值，从而影响伤损定位精度，所以需对探头的实际 *K* 值进行实验测定。

### 6. 斜探头 DAC 曲线

DAC 曲线即距离–波幅曲线，包含评定线、定量线和判废线，可以通过缺陷反射回的波高大小来判断伤损的当量尺寸与评级，掌握其制作方法有助于快速判伤。

### 7. 直探头 AVG 曲线

描述规则反射体的距离（A）、波幅（V）、当量大小（G）之间关系的曲线称为 AVG（德文，英文为 DGS）曲线。AVG 曲线可用于对缺陷进行定量和灵敏度调整。

### 8. 斜探头声轴偏角和扩散角

当斜探头声轴与探头几何中线偏离较大时，将影响缺陷定位精度。声轴偏角主要是由生产误差造成的，因而需对偏离情况进行测试。斜探头扩散角大小反映了探头声束能量的集中情况，对缺陷的探测灵敏度和定位都有影响，是探头的一个性能指标，须测试。

### 9. 盲区和分辨力

盲区是指在一定探伤灵敏度下，从探测面到能够发现缺陷的最小距离。盲区的大小与仪器的阻塞时间和始脉冲宽度有关，是仪器近距离探测的性能指标。

分辨力是超声波探伤系统区分横向、纵向或深度方向相距最近的、一定大小的两个相邻缺陷的能力。

## 操作指南

### 1. 所需设备

操作所需的仪器设备及材料见表 19–1。

表 19–1　仪器设备及材料

| 序号 | 仪器设备及材料 | 数量 |
|---|---|---|
| 1 | CTS–9003 型仪器 | 1 |
| 2 | CS–1–5 试块 | 1 |
| 3 | CSK–IA 试块 | 1 |
| 4 | CSK–Ⅲ试块 | 1 |
| 5 | WGT–3 试块 | 1 |
| 6 | 2.5P20 直探头、探头线 | 1 |
| 7 | 2.5P10×10K1 斜探头、探头线 | 1 |

续表

| 序号 | 仪器设备及材料 | 数量 |
|---|---|---|
| 8 | 2.5P10×10K1.5 斜探头、探头线 | 1 |
| 9 | 2.5P10×10K2.5 斜探头、探头线 | 1 |
| 10 | 探头压块 | 1 |
| 11 | 毛刷 | 1 |
| 12 | 机油 | 适量 |

### 2. 技术标准

《A 型脉冲反射式超声探伤仪　通用技术条件》（JB/T 10061—1999）规定：

（1）水平线性$\Delta L\leqslant 2\%$。

（2）垂直线性$\Delta d\leqslant 4\%$。

（3）灵敏度余量≥55 dB。

（4）动态范围≥26 dB。

### 3. 水平线性和垂直线性的标定操作步骤

（1）将 CTS-9003 型仪器与 2.5P20 直探头相连，将探头压块连接好，仪器开机，参照实训项目 18 设置仪器菜单的相关参数，“范围”设为 260 mm，“位移”设为 0 mm。

（2）参数设置完毕后，在 CSK-IA 试块探测面涂抹机油，将探头置于试块的探测面上，如图 19-1 所示。调节探伤仪增益值（dB 值），使显示屏上出现 10 次无干扰的底波，如图 19-2 所示，利用“闸门 A”分别读取第 10 次、第 8 次、第 6 次、第 4 次、第 2 次底波高为 80%时的声程 $L_{10}$、$L_8$、$L_6$、$L_4$、$L_2$。

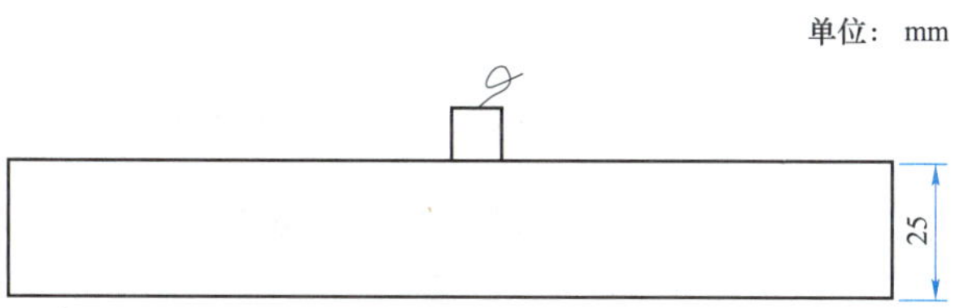


图 19-1　探头置于 CSK-IA 试块探测面上

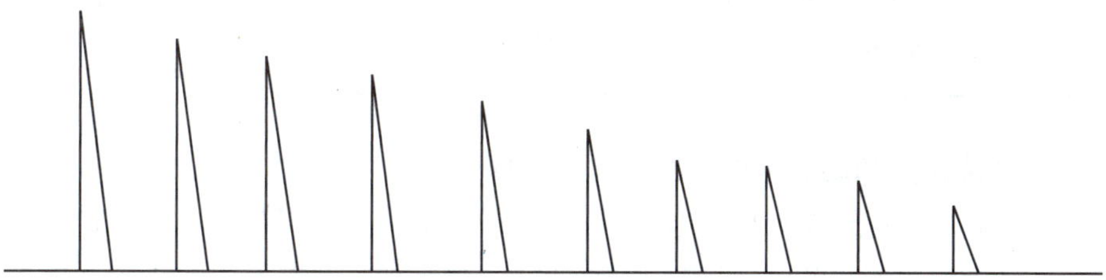

图 19-2　10 次底波

（3）水平线性误差可按下述公式计算：

$$B=L_{10}-L_2$$

$$\alpha_4=L_2+B/4-L_4$$
$$\alpha_6=L_2+2\times B/4-L_6$$
$$\alpha_8=L_2+3\times B/4-L_8$$
$$\Delta L=\left|\alpha_{max}\right|/B\times 100\%$$

其中，$\Delta L$ 为水平线性误差。根据《A 型脉冲反射式超声探伤仪 通用技术条件》(JB/T 10061—1999) 的要求，水平线性误差$\Delta L$ 应小于或等于 2%。

(4) 将探头置于 CS-1-5 试块上（见图 19-3）探测$\phi 2$ 平底孔，移动探头并使用衰减器找到$\phi 2$ 平底孔孔波的最高波，用增益旋钮将孔波波高调至 100%，以每次 2 dB 逐次降低增益值，记下每次衰减后波高实测值并与表 19-2 中的理论值比较，然后计算出实测值与理论值的偏差值 $d$，从中取最大正偏差 $d_+$和最大负偏差 $d_-$，得到垂直线性误差：

$$\Delta d=(|d_+|+|d_-|)\%$$

其中，$\Delta d$ 为垂直线性误差。根据《A 型脉冲反射式超声探伤仪 通用技术条件》(JB/T 10061—1999) 的要求，垂直线性误差$\Delta d$ 应小于或等于 4%。

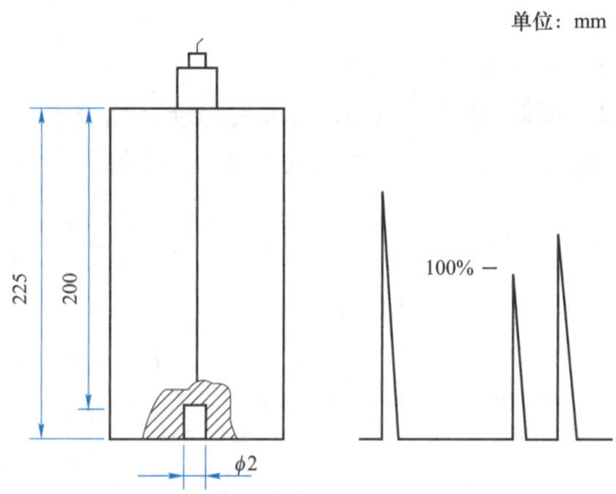


图 19-3 探头置于 CS-1-5 试块上

表 19-2 衰减量与波高理论值

| 衰减量/dB | 0 | 2 | 4 | 6 | 8 | 10 | 12 | 14 | 16 | 18 | 20 | 22 | 24 | 26 |
|---|---|---|---|---|---|---|---|---|---|---|---|---|---|---|
| 波高理论值/% | 100 | 79.4 | 63.1 | 50.1 | 39.8 | 31.6 | 25.1 | 20.0 | 15.8 | 12.5 | 10.0 | 7.9 | 6.3 | 5.0 |

### 4. 灵敏度余量和动态范围的标定操作步骤

(1) 仪器开机，参照实训项目 18 设置仪器菜单的相关参数。特别注意：“抑制”为 0%，“范围”为 250 mm，“位移”为 0 mm。将“增益”调至最高（包含相对增益值$\Delta$dB），观察仪器的噪声电平是否超过 10%，若超过 10%，则减小增益值使噪声电平为 10%，并记录当前的增益值 $S_0$。将 CTS-9003 型仪器与 2.5P20 直探头相连，并把探头压块连接好，将直探头置于 CS-1-5 试块上找出孔波（见图 19-4），移动探头使孔波波高达到最高波时探头不动。调节衰减器使孔波波高达到 80%波幅，记录此

时仪器的增益值 $S_1$，则仪器和探头组合灵敏度余量为 $S_0-S_1$。根据《A 型脉冲反射式超声探伤仪　通用技术条件》（JB/T 10061—1999）的要求，其值应大于或等于 55 dB。

（2）在灵敏度余量测试基础上调节增益旋钮，将 $\phi 2$ 孔波波高提到 100%高度，待波高稳定后，记录此时的增益值 $S_2$，再调节增益旋钮，将孔波波高从 100%降至最小值（或不能分辨）时，记录此时的增益值 $S_3$，则该仪器的动态范围为 $S_2-S_3$。根据《A 型脉冲反射式超声探伤仪　通用技术条件》（JB/T 10061—1999）的要求，其值应大于或等于 26 dB。

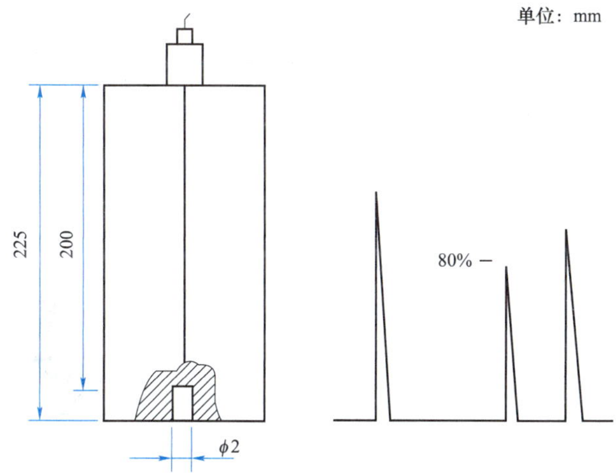


图 19-4　探头置于 CS-1-5 试块上

### 5. 直探头声速和延时的标定操作步骤

（1）参照实训项目 18 设置仪器菜单的相关参数，并将探头放在已涂油试块顶面，如图 19-5 所示，通过调整增益旋钮使出现二次底波。

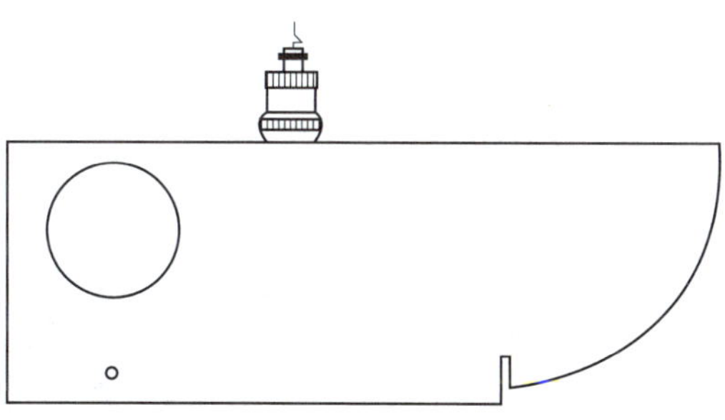

图 19-5　探头放在已涂油试块顶面

（2）按“标定”键、“C”键，进入声速标定界面（见图 19-6）。

（3）按“A”键，试块反显，按调节键即可调节，一般选择 CSK-I 试块。

（4）按“B”键，选择基准量（单位：mm），如图 19-6 所示，按调节键输入 100 mm。

（5）按“闸门 1”键，调节闸门 1 到一次回波位置，按“D”键，起点确定。

（6）调节闸门 1 到二次回波位置，按“E”键，终点确定。

（7）此时声速即“C”位置，出现标定结果，如图 19-6 所示（为 5 930 m/s）。仪器将自动记录。

（8）按“标定”键、“A”键，屏幕显示如图 19-7 所示。

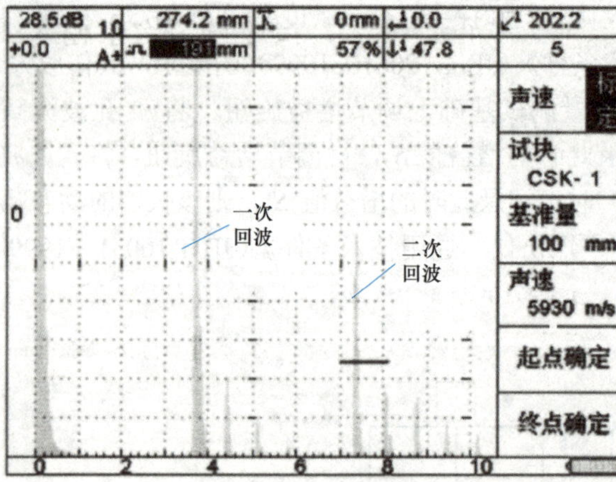


图 19-6　声速标定界面

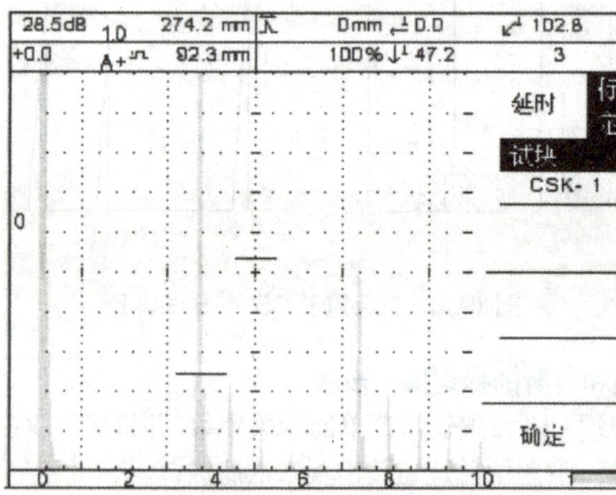


图 19-7　按“A”键后屏幕显示

（9）按调节键选择试块，选择 CSK-I 试块。

（10）按“E”键确定，屏幕显示如图 19-8 所示。

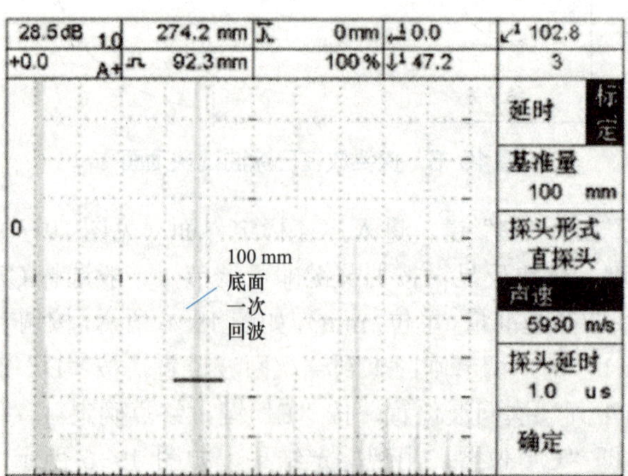


图 19-8　按“E”键后屏幕显示

（11）按“A”键，选择基准量（单位：mm），按调节键输入 100 mm。

（12）按“B”键，探头形式反显，选择直探头。

（13）按“C”键，声速反显，按调节键可调节。注意：一般在测完材料声速后，仪器将自动记录，不需要调节。

（14）按“闸门 1”键，调节闸门 1 到 100 mm 一次回波位置，按“E”键，起点确定。

（15）此时探头延时即“D”键位置，出现标定结果，如图 19-8 所示（为 1.0 μs），仪器将自动记录。

### 6. 斜探头延时及前沿的标定操作步骤

（1）按“基础”键、“C”键，调节探头参数，输入标称值，“范围”调整到 120 mm，其他参数参照实训项目 18，并将斜探头放在已涂油的试块顶面，如图 19-9 所示。

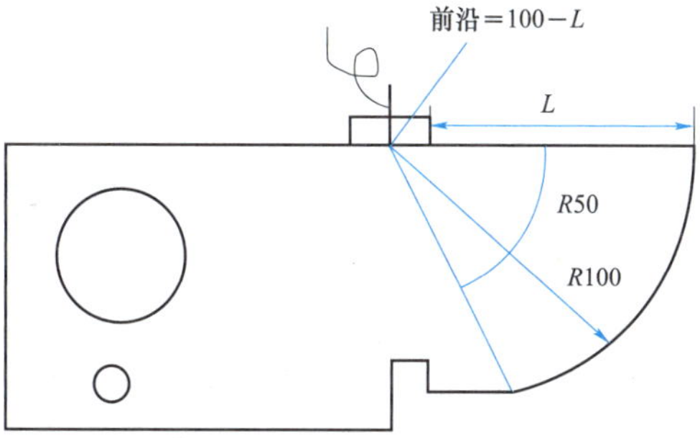


图 19-9　斜探头放在已涂油试块顶面

（2）按“标定”键、“A”键进入。

（3）按调节键，选择 CSK-IA 试块。

（4）按“E”键，屏幕显示如图 19-10 所示。

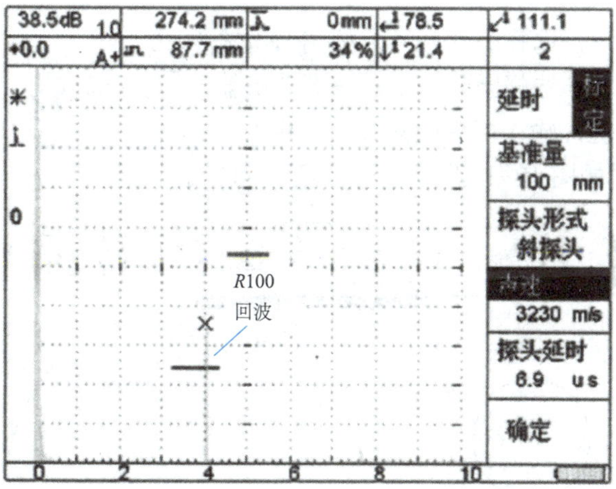


图 19-10　按“E”键后屏幕显示

（5）按“A”键，选择基准量（单位：mm），如图 19-11 所示，按调节键输入 100 mm。

（6）按“B”键，探头形式反显，选择斜探头。

（7）按“C”键，声速反显，按调节键可调节。注意：一般在测完材料声速后，仪器将自动记录。

（8）将探头对准 CSK–IA 试块的 *R*100 曲面，适当调整范围和增益，使 *R*100 回波有合适高度，探头声束轴线保持与试块侧面平行，前后移动探头，使回波波高最高，保持探头不动（此时打开峰值功能，有利于找到最高回波）。

（9）按“闸门 1”键，调节闸门 1 到 100 mm 一次回波位置，按“E”键确定，仪器将自动记录探头延时。

（10）用直尺量测探头前沿至 *R*100 端点的距离 *L*，探头前沿=100–*L*。

（11）按“基础”键、“C”键、“E”键，输入探头前沿值。

### 7. 斜探头 *K* 值的标定操作步骤

（1）保留声速、延时、前沿的结果及仪器的状态。

（2）按“标定”键、“E”键，屏幕显示如图 19–11 所示。

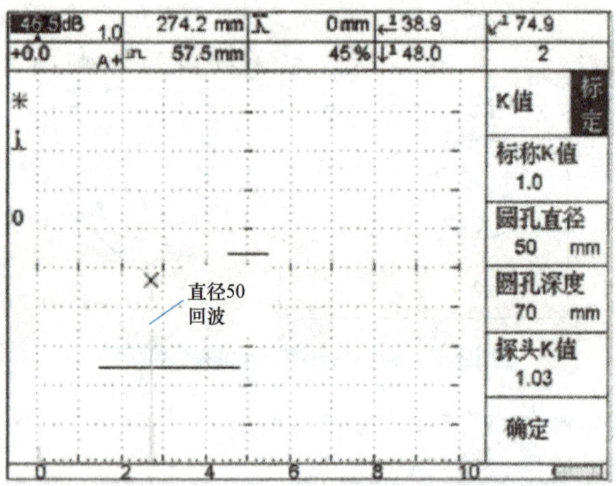


图 19–11　按“标定”键、“E”键后屏幕显示

（3）按“B”键，选择圆孔直径，按调节键输入 50 mm。

（4）按“C”键，选择圆孔深度，按调节键输入 70 mm。

（5）按“A”键，输入探头标称 *K* 值 1.0。

（6）探头位置如图 19–12 所示（测 35°～60°）。

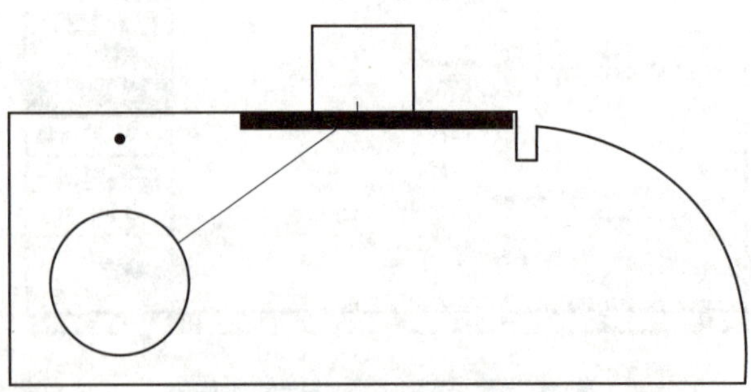

图 19–12　探头位置

（7）将探头对准 CSK–IA 试块的 $\phi$50 孔，适当调整范围和增益，使 $\phi$50 孔波的回波有合适高度，保持探头声束轴线与试块侧面平行，前后移动探头，使回波波高最

高，保持探头不动（此时打开峰值功能，有利于找到最高回波）。

（8）按“闸门 1”键，调节闸门 1 到$\phi$50 孔波的回波位置，按“E”键，仪器将自动计算并显示探头 $K$ 值在“D”键处。

其他角度斜探头测试方法与此基本一致，但应注意探头在试块上的位置。

### 8. 斜探头 DAC 曲线的制作操作步骤

（1）设置好仪器参数，对探头延时、$K$ 值进行标定。按“功能”键、“B”键，进入如图 19-13 所示的界面，功能符号显示区显示“DAC”字样。

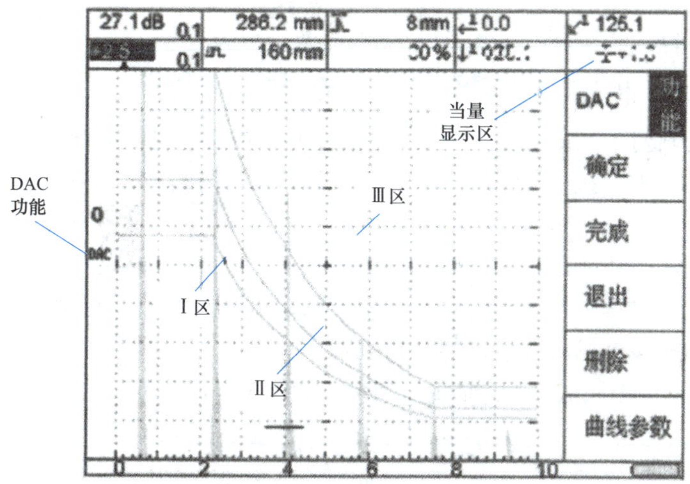


图 19-13 屏幕界面

（2）按“E”键，选择曲线参数，评定线、定量线及判废线分别输入-2、0、3，如图 19-14 所示。

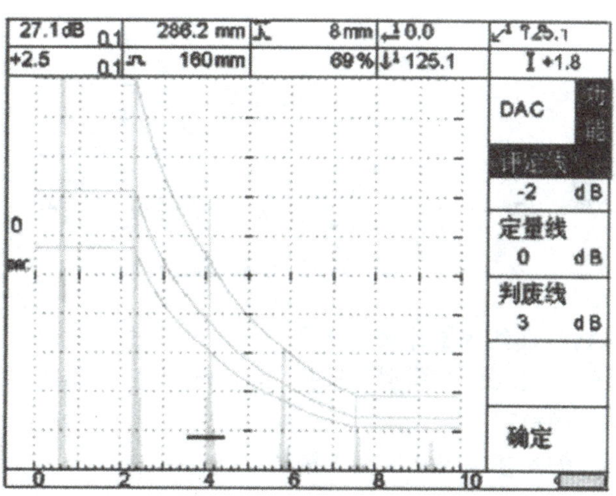


图 19-14 选择曲线参数界面

（3）调整好曲线参数后，按“E”键返回。将探头放置在 CSK-Ⅲ试块上，对准第一个基准孔（10 mm 深的孔），移动探头寻找最高波，如图 19-15 所示。

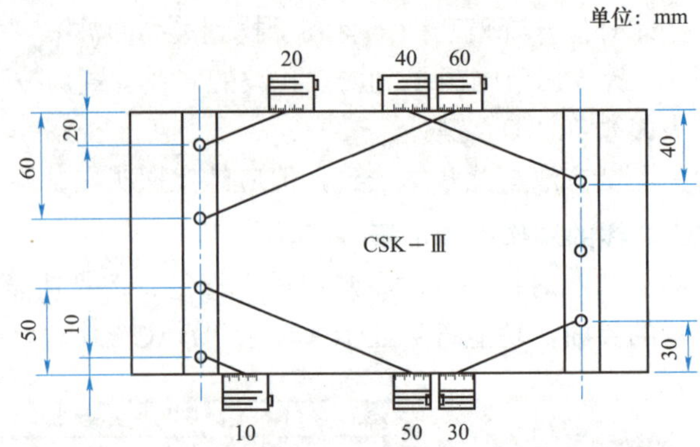


图 19-15　探头放置在 CSK-Ⅲ试块上

（4）按“闸门 1”键，调节闸门 1 到最高波位置，使用自动增益功能，将该波的高度提到 80%左右。按“A”键，完成第一个基准点的制作。

（5）重复（3）、（4），依次制作 20 mm、30 mm、40 mm……（注意后面的制作不要使用自动增益功能，因为高度不用再调节）。

（6）在制作过程中，如果对哪个基准点做出调整，就可以将闸门 1 移到该基准点，重新移动探头寻找最高波，然后再制作。

（7）按“B”键完成 DAC 曲线的制作，如图 19-16 所示。

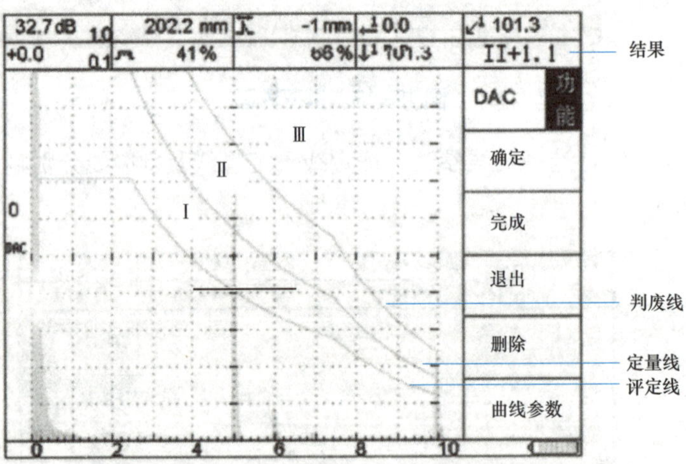


图 19-16　DAC 曲线

### 9. 直探头 AVG 曲线的制作操作步骤

（1）设置好仪器参数，“范围”选择 240 mm，按“功能”键、“C”键，进入 AVG 界面（见图 19-17）。

（2）按“A”键，参考尺寸反显，按调节键选择 $\phi 2$。

（3）耦合探头（2.5P20）到 $\phi 2 \times 200$ mm 平底孔试块上，找到该平底孔的最高反射波。

（4）调节仪器的分贝值，使 $\phi 2 \times 200$ mm 平底孔波高为 80%（ΔdB 最好先调节到 0）。

（5）按“B”键记录，进入如图 19-18 所示的界面。

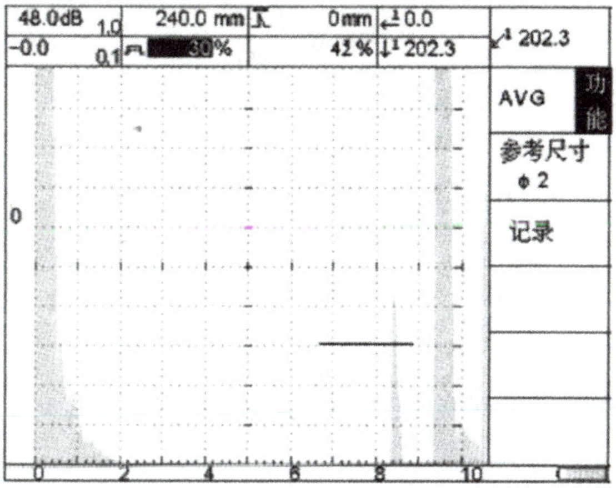


图 19-17　AVG 界面

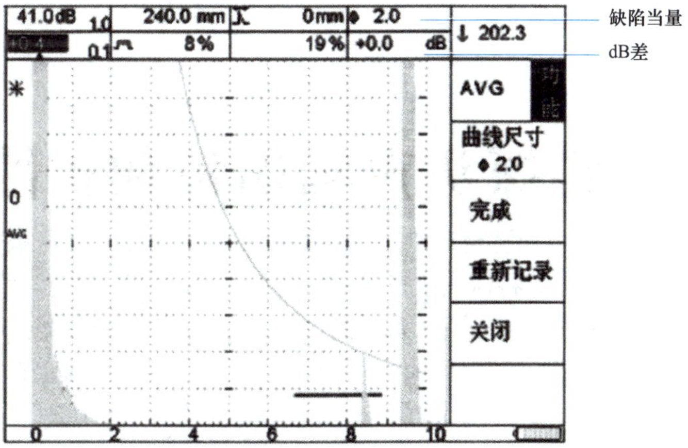


图 19-18　屏幕界面

（6）选择曲线尺寸$\phi 2$，按“B”键完成。

（7）用户此时可按“C”键重新记录或按“D”键退出。

（8）此时屏幕显示内容（闸门内波形）如下：

A：实际高度（%）；

B：深度（mm）；

C：回波高度相对于 AVG 曲线的分贝差，如+2 dB（表示回波高度高出 AVG 曲线 2 dB）；

D：缺陷当量，如 2.0 mm（表示缺陷大小相当于$\phi 2.0$ 的平底孔）。

### 10. 斜探头声轴偏角和扩散角的标定操作步骤

（1）仪器开机，设置好仪器参数。声轴偏角利用 CSK-IA 试块直角棱边测试，当 $K \leqslant 1$ 时，用二次波探测直角棱边顶角测试；当 $K \geqslant 1$ 时，用一次波探测直角棱边底角测试（见图 19-19）。

（2）探头从棱边开始后退找最高波，探头左右微转再找最高波，找到最高波后固定探头，用钢尺靠贴探头一侧，并用另一把钢尺量 $L_2$ 和 $L_1$（见图 19-20），则声轴偏角为

$$\theta = \arctan\frac{L_2 - L_1}{100}$$

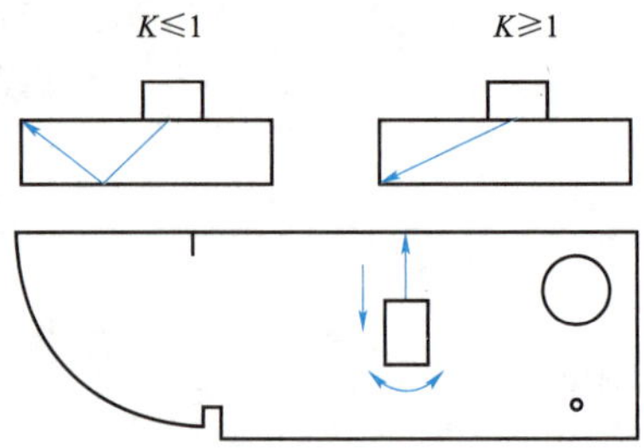


图 19-19　利用 CSK-IA 试块直角棱边测试声轴偏角

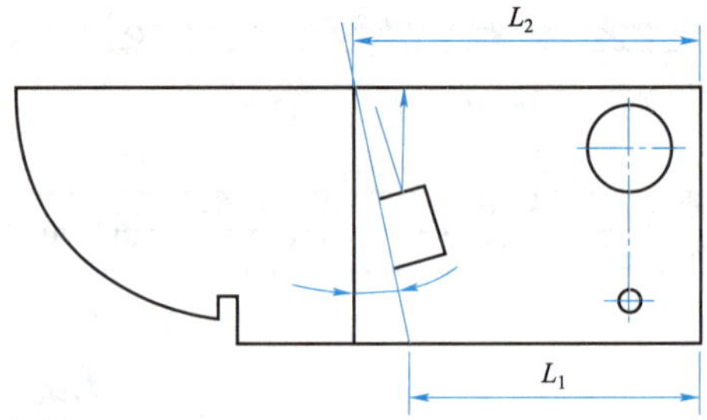


图 19-20　$L_1$ 和 $L_2$

（3）量取被测横通孔至试块左边界的距离，记作 $x_0$，量取被测横通孔至试块上边界的距离，记作 $h_0$，将探头放在 WGT-3 试块上，用主声轴探测横通孔并前后移动找到最高波，将最高波调至 80%波高，测量 $x_1$ 并记录。用衰减器将孔波提高 6 dB，向前推动探头至波高重新降到 80%，测量 $x_2$ 并记录。向后拉动探头直至波高再次降至 80%，测量 $x_3$ 并记录，计算 $\beta_1$、$\beta_2$、$\beta_3$，如图 19-21 所示。

$$\beta_1 = \arctan\frac{x_1 - x_0}{h_0}，\quad \beta_2 = \arctan\frac{x_2 - x_0}{h_0}，\quad \beta_3 = \arctan\frac{x_3 - x_0}{h_0}$$

6 dB 边缘声压下的纵向扩散角为

$$\theta_{前}=\beta_3-\beta_1，\quad \theta_{后}=\beta_1-\beta_2$$

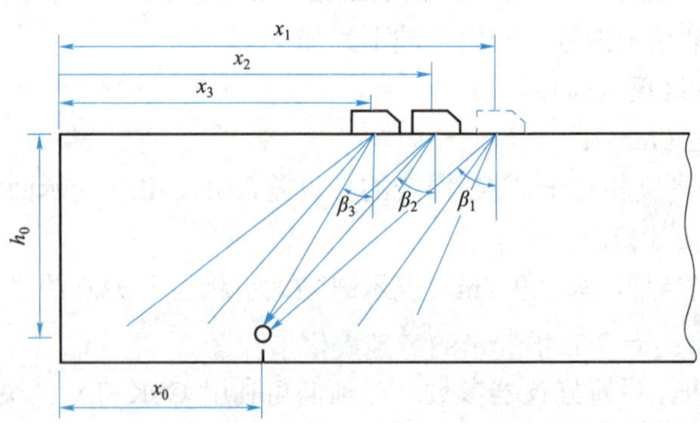


图 19-21　计算纵向扩散角

（4）将探头放在 CSK-IA 试块 25 mm 厚侧面上（见图 19-22），探头与棱边平行，前后推动找最高波，将孔波调到 80%波高，用钢直尺靠贴探头后沿，将波高提高 6 dB，探头紧贴钢尺并推动使波高回到 80%，此时探头位于 $C$ 位，测量 $C$ 位置探头侧边距

试块棱边距离 $L_1$，向棱边推动探头使波高重新回到 80%，此时探头位于 $B$ 位，测量边距 $L_2$，量出探头前沿至左棱边距离 $M$，计算探头横向扩散角 $\theta$：

$$\theta=\arctan\frac{\frac{L_2-L_1}{2}}{M+e-35}=\arctan\frac{L_1-L_2}{2(M+e-35)}$$

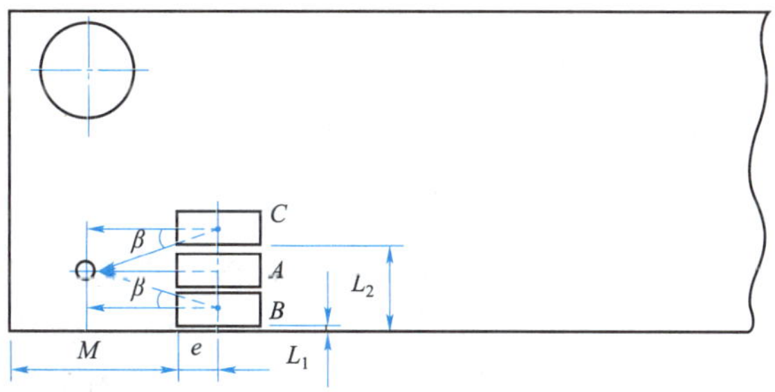


图 19-22　计算横向扩散角

### 11. 盲区和分辨力的标定操作步骤

（1）利用 CSK-IA 试块上 5 mm 和 10 mm 孔边距测盲区大小，如图 19-23 所示。

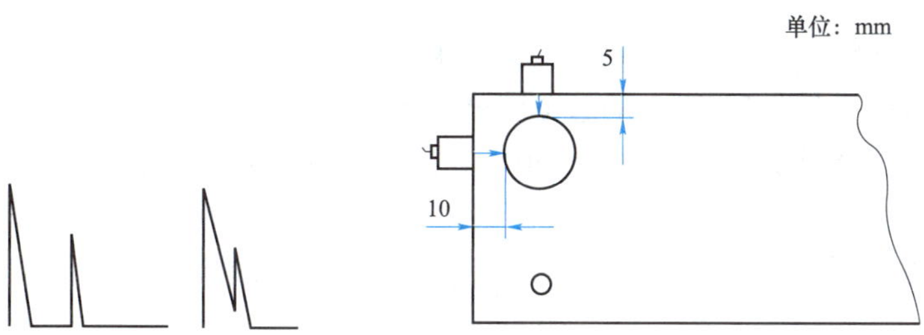


图 19-23　测盲区大小

分别用探头探测两边距，观察孔波与始波之间是否有波谷，且波底在时基线上，若波谷、波底不在时基线上则不能分辨孔波。一般先探 10 mm 边距，若能分辨则盲区小于 10 mm，可再探 5 mm 边距，若不能分辨则至少 5 mm 是盲区。

（2）直探头分辨力测定利用 CSK-IA 试块槽口上 85 mm 和 91 mm 的反射面进行，分辨距离为 6 mm。

将探头放在槽口上左右推动［见图 19-24（a)］，调节仪器使 85 mm、91 mm 两反射面波高相等并达到 $h_1$（20%～30%）［见图 19-24（b)］；然后再调节仪器使 85 mm、91 mm 两波波底 $h_2$ 提高到 $h_1$［见图 19-24（c)］，此时所提高的分贝数为波谷分贝数与波峰分贝数的差，也就是直探头的分辨力大小。

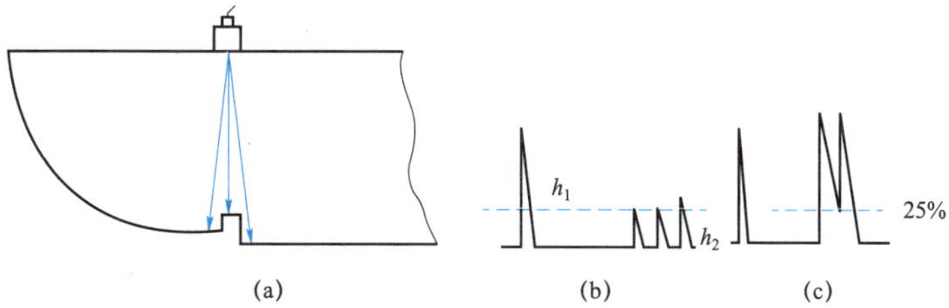


图 19-24　直探头分辨力测定

（3）斜探头分辨力测定利用 CSK-IA 试块上$\phi$50 和$\phi$44 两个台阶孔来测试，分辨距离为 3 mm，测试方法与直探头相同，如图 19-25 所示。

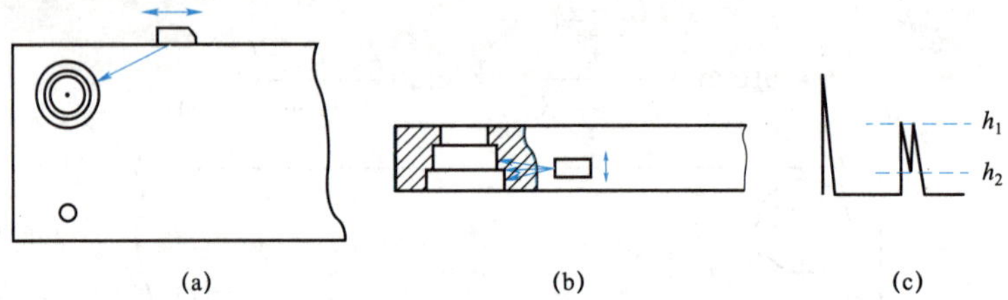


图 19-25　斜探头分辨力测定

将探头置于试块上前后移动并调节仪器找最高波［见图 19-25（a）］，再横向移动探头［见图 19-25（b）］，使$\phi$50、$\phi$44 两孔波峰等高并调节仪器使其达到 $h_1$（20%～30%）［见图 19-25（c）］；然后再调节仪器使 $h_2$ 达到 $h_1$，此时所提高的分贝数为波谷分贝数与波峰分贝数的差，为斜探头的纵向分辨力大小。

12. 考核标准

（1）仪器工作状态调节正确。

（2）操作方法和步骤正确。

（3）水平线性$\Delta L$≤2%，垂直线性$\Delta d$≤4%。

（4）灵敏度余量≥55 dB，动态范围≥26 dB。

（5）直探头声速偏差在（−50～50） mm/s 以内，延时误差在（−0.2～0.2） μs 以内。

（6）斜探头延时误差在（−0.2～0.2） μs 以内，前沿长度误差在（−1～1） mm 以内。

（7）斜探头 $K$ 值测量结果偏差在−1%～1%以内。

（8）斜探头 DAC 曲线能正常应用。

（9）直探头 AVG 曲线能正常应用。

（10）斜探头声轴偏角和扩散角测量结果偏差在−1°～1°以内。

（11）盲区范围判断正确，分辨力测量结果偏差在（−1～1） dB 以内。

## 实训报告

### 1. 基本信息

实训名称：________________　　日期：_____年____月____日

姓名：________________　　学号：________________

班级：________________　　组别：________________

### 2. 实训目的

### 3. 实训设备

### 4. 操作步骤

（1）水平线性和垂直线性的标定操作步骤。

（2）灵敏度余量和动态范围的标定操作步骤。

（3）直探头声速和延时的标定操作步骤。

（4）斜探头延时及前沿的标定操作步骤。

（5）斜探头 $K$ 值的标定操作步骤。

（6）斜探头 DAC 曲线的制作操作步骤。

（7）直探头 AVG 曲线的制作操作步骤。

（8）斜探头声轴偏角和扩散角的标定操作步骤。

（9）盲区和分辨力的标定操作步骤。

### 5. 数据及结论

（1）水平线性和垂直线性标定数据及结论。

① 水平线性误差。

$B=L_{10}-L_2=$_____，$\alpha_4=L_2+B/4-L_4=$_____，$\alpha_6=L_2+2\times B/4-L_6=$_____，$\alpha_8=L_2+3\times B/4-L_8=$_____，$\Delta L=(|\alpha_{max}|/B)\times 100\%=$_____。

② 垂直线性误差（测量数据见表 19–3）。

表 19–3　测量数据

| 衰减量/dB | 波高理论值/% | 波高实测值/% | 偏差/% |
|---|---|---|---|
| 0 | 100 | | |
| 2 | 79.4 | | |
| 4 | 63.1 | | |
| 6 | 50.1 | | |
| 8 | 39.8 | | |
| 10 | 31.6 | | |
| 12 | 25.1 | | |
| 14 | 20.0 | | |
| 16 | 15.8 | | |
| 18 | 12.5 | | |
| 20 | 10.0 | | |
| 22 | 7.9 | | |
| 24 | 6.3 | | |
| 26 | 5.0 | | |

$\Delta d=[|d_+|+|d_-|]\%=$______。

结论：________________________________________。

（2）灵敏度余量和动态范围的标定数据及结论。

① 灵敏度余量$=S_0-S_1=$_____−_____=_____。

② 动态范围$=S_2-S_3=$_____−_____=_____。

结论：________________________________________。

（3）直探头声速和延时的标定数据及结论。

① 声速为______ m/s。

② 探头延时为______ μs。

（4）斜探头延时及前沿的标定数据及结论。

① 探头延时为______ μs。

② 前沿长度为______ mm。

（5）斜探头 $K$ 值的标定数据及结论。

探头标称 $K$ 值为_____，测得探头 $K$ 值为_____，误差为_____。

（6）斜探头 DAC 曲线的制作数据及结论（见图 19–26）。

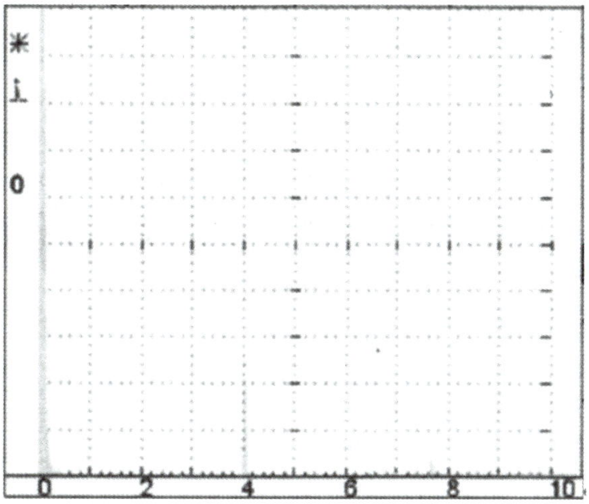


图 19–26　斜探头 DAC 曲线图

（7）直探头 AVG 曲线的制作数据及结论（见图 19–27）。

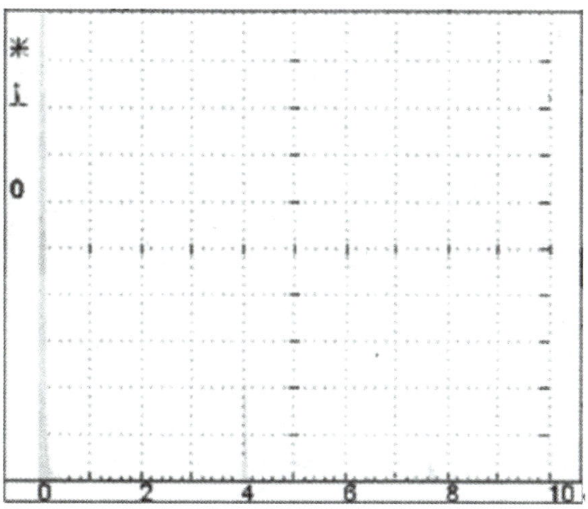


图 19–27　直探头 AVG 曲线图

（8）斜探头声轴偏角和扩散角的标定数据及结论。

① 声轴偏角。

$$\theta = \arctan\frac{L_2 - L_1}{100}$$

② 扩散角。

$$\beta_1 = \arctan\frac{x_1 - x_0}{h_0} = \_\_\_\_\_\_\_\_\_\_\_\_\_\_$$

$$\beta_2 = \arctan\frac{x_2 - x_0}{h_0} = \_\_\_\_\_\_\_\_\_\_\_\_\_\_$$

$$\beta_3 = \arctan\frac{x_3 - x_0}{h_0} = \_\_\_\_\_\_\_\_\_\_\_\_\_\_$$

纵向扩散角为$\theta_{前}=\beta_3-\beta_1=$______，$\theta_{后}=\beta_1-\beta_2=$_______。

横向扩散角：

$$\theta = \arctan\frac{\frac{L_2 - L_1}{2}}{M + e - 35} = \arctan\frac{L_1 - L_2}{2(M + e - 35)}$$

（9）盲区和分辨力的标定数据及结论。

① 盲区范围为__________mm。

② 分辨力为______dB。

### 6. 考核评价

## 随堂小测

1. 数字超声波探伤仪水平线性应用（　　）标定。

A. CSK–IA 试块　　B. CS–1–5 试块

C. AV 试块　　D. MH 试块

2. 数字超声波探伤仪垂直线性应用（　　）标定。

A. CSK–IA 试块　　B. CS–1–5 试块

C. AV 试块　　D. MH 试块

3. 数字超声波探伤仪斜探头 $K$ 值应用（　　）标定。

A. CSK–IA 试块　　B. CS–1–5 试块

C. AV 试块　　D. MH 试块

4. 关于数字超声波探伤仪盲区的标定，下列说法正确的是（　　）。

A. 盲区标定精度为 1 mm　　B. 盲区应用不同直径的台阶孔标定

C. 盲区只能标定大致范围　　D. 盲区就是超声波的近场区

# 实训项目 20　轨头核伤的定位和定量

## 知识概要

使用通用探伤仪对轨头核伤进行精确定位和定量，可有效地检测出轨头核伤的位置和尺寸，有助于完成伤损记录表和伤损报告并给出伤损等级，有利于制订伤损处理方案（加固、换轨等）。

## 学习目标

（1）掌握轨头核伤的探测方法。

（2）能够对轨头核伤进行定位和定量。

## 基础知识

核伤大多发生在轨头，是最危险的钢轨伤损。核伤一般近似椭圆形，长、短轴比例为 3∶2。当核伤面积占轨头截面面积的 5%～10%时，静力强度只有正常钢轨的 16%～40%；当核伤面积占轨头截面面积的 10%～15%时，疲劳强度不到正常钢轨的 10%；当核伤面积发展到轨头截面面积的 20%～30%时，将发生断轨。

核伤可分为钢轨内部缺陷形成的核伤、轨面塑性变形形成的核伤、轨面鱼鳞伤或剥离形成的核伤、擦伤或焊补形成的核伤等。

## 操作指南

### 1. 所需设备

操作所需的仪器设备及材料见表 20-1。

表 20-1　仪器设备及材料

| 序号 | 仪器设备及材料 | 数量 |
|---|---|---|
| 1 | CTS-9003 型仪器 | 1 |
| 2 | 带轨头核伤的伤损钢轨 | 适量 |
| 3 | 5P10×10K2.5 斜探头、探头线 | 1 |
| 4 | 机油 | 适量 |
| 5 | 毛刷 | 1 |

## 2. 操作步骤

### 1）准备工作

（1）安装好设备，设置好仪器的相关参数（参照实训项目 18）。

（2）测定探头的入射点和折射角。在探头外壳上做好探头入射点和前沿中心的标记。

（3）校正探测范围。将“抑制”置为 5%～10%，校准仪器探测范围为声程 200 mm（50 kg/m 轨）或 250 mm（60 kg/m 轨）。

（4）确定校对灵敏度。在待校对钢轨上调节校对灵敏度，校对探头横向置于轨面上，声束方向朝钢轨外侧（见图 20–1）。以轨头外侧一次反射波显示在 2.5～3.0 mm 范围内，波高 80%为基准，再增益 14～16 dB 即可。

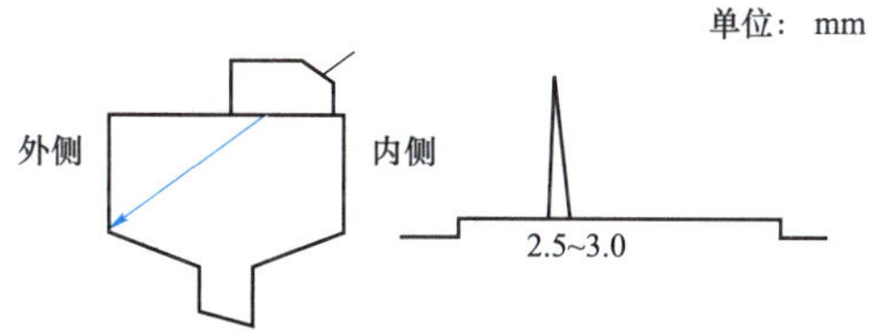


图 20–1　校对灵敏度

### 2）核伤定位和定量

（1）采用 6 dB 法。前、后、左、右（无偏角和有偏角）扫查，找到伤波最高波，使其最高波达到 80%，增益提高 6 dB，沿钢轨纵向向前平移探头，直至伤波波高降至 80%，在钢轨上标记出近点时探头入射点 *A*，并记录点 *A* 的波形 *a* 所显示的水平距离 $L_1$ 和垂直距离 $H_1$；向后平移探头直至伤波波高再次达到 80%，在钢轨上标记出远点时探头入射点 *B*，并记录点 *B* 的波形 *b* 所显示的水平距离 $L_2$ 和垂直距离 $H_2$，如图 20–2 所示。

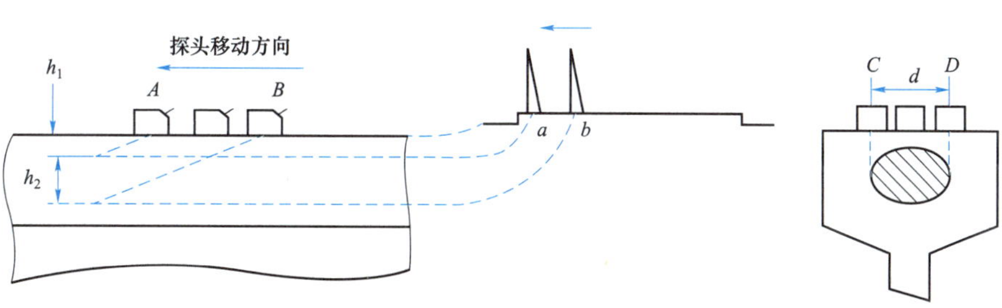


图 20–2　测量核伤长度

（2）核伤的位置。自 *A* 点向前量 $L_1$，再往下走 $H_1$，用笔做标记，此即为核伤近点位置；自 *B* 点向前量 $L_2$，再往下走 $H_2$，用笔做标记，此即为核伤远点位置；将近点与远点位置相连，即为核伤位置。

（3）确定核伤深度（$h_1$）：$h_1=H_1$。

（4）确定核伤高度（$h_2$）：$h_2=H_2-H_1$。

（5）确定核伤距侧边距离和横向宽度。核伤在轨头内的横向宽度仍用 6 dB 法测定，按步骤（1）横向移动探头，分别标出回波刚好 80%时探头前沿中心对应于钢轨处的 *C*、*D* 两点位置，则 *CD* 间的距离 *d* 为核伤横向宽度。

实训结束后，整理仪器设备，关闭电源，恢复到实训前的状态。

### 3. 考核标准

（1）仪器工作状态调节正确。

（2）操作方法和步骤正确。

（3）测量结果误差值在（−2～2） mm 以内。

（4）具有良好的职业沟通能力、协调能力、团队协作能力。

（5）具有安全与文明操作的意识。

## 实训报告

### 1. 基本信息

实训名称：________________________________ 日期：______年____月____日

姓名：____________________________________ 学号：______________________

班级：____________________________________ 组别：______________________

### 2. 实训目的

### 3. 实训设备

### 4. 操作步骤

### 5. 数据及结论

确定核伤深度（$h_1$）：$h_1$=$H_1$=____ mm，确定核伤高度（$h_2$）：$h_2$=$H_2$−$H_1$=____ mm。核伤位置如图 20–3 所示。

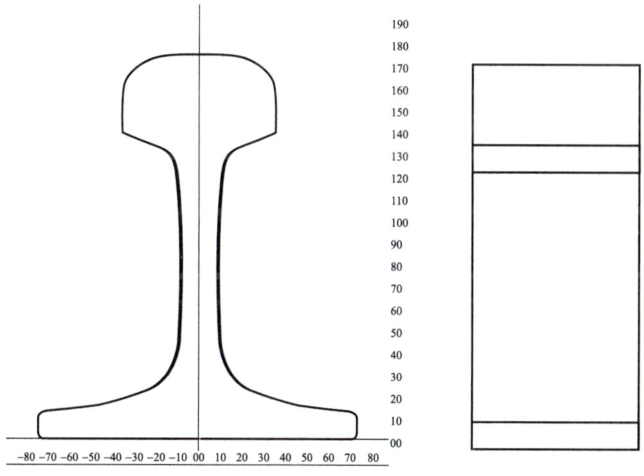


图 20–3 核伤位置

### 6. 考核评价

## 随堂小测

1. 关于核伤，下列描述正确的是（　　）。
   A. 核伤的长、短轴比一般为 3:2　　B. 核伤是最危险的钢轨伤损
   C. 核伤多发生在轨头　　D. 以上全部
2. 核伤高度的确定方法是（　　）。
   A. 当量法计算得出核伤直径
   B. 6 dB 法查找上下边缘深度并做差
   C. 找到探测上下边缘时的探头位置，根据三角函数计算
   D. 观察回波位移刻度，根据经验值计算
3. 核伤深度是指（　　）。
   A. 核伤最宽处深度　　B. 核伤底深度
   C. 核伤中心深度　　D. 核伤顶深度
4. 核伤宽度的确定方法是（　　）。
   A. 当量法计算得出核伤直径
   B. 6 dB 法查找左右边缘位置，量取宽度
   C. 旋转查找左右边缘位置，根据角度和距离计算
   D. 观察回波位移刻度，根据经验值计算

# 实训项目 21　螺孔裂纹长度定量

## 知识概要

使用通用探伤仪对螺孔裂纹定量，可有效地检测出螺孔裂纹的位置和长度，有助于完成伤损记录表和伤损报告并给出伤损等级，有利于制订伤损处理方案（加固、换轨等）。

## 学习目标

（1）掌握螺孔裂纹的探测方法。

（2）能够对螺孔裂纹进行定位和定量。

## 基础知识

钢轨接头是线路的薄弱环节，车轮作用在钢轨接头上的最大惯性力要比其他部位大 60%左右。钢轨接头的主要伤损是螺孔裂纹，螺孔裂纹发展后可贯通两螺孔或轨端，形成轨头大掉块等重大伤损，因此需及时对螺孔裂纹长度进行检测。

## 操作指南

### 1. 所需设备

操作所需的仪器设备及材料见表 21−1。

表 21−1　仪器设备及材料

| 序号 | 仪器设备及材料 | 数量 |
|---|---|---|
| 1 | CTS−9003 型仪器 | 1 |
| 2 | 带螺孔裂纹的伤损钢轨 | 适量 |
| 3 | 5P10×10K1 斜探头、探头线 | 1 |
| 4 | 机油 | 适量 |
| 5 | 毛刷 | 1 |

### 2. 操作步骤

#### 1）准备工作

（1）安装好设备，设置好仪器的相关参数（参照实训项目 18）。

（2）测定探头的入射点和折射角。将探头入射点和前沿中心在探头外壳上做好标记。

（3）校正探测范围。将“抑制”置为 5%～10%，校准仪器探测范围为声程 250 mm。

（4）确定校对灵敏度。在待校对钢轨上调节校对灵敏度，将校对探头置于轨面上，找到螺孔波，以波高 80%为基准，再增益 14～20 dB，以不出杂波为准。

2）螺孔裂纹长度定量

采用 6 dB 法，前、后、左、右无偏角扫查，找到伤波最高波，使其最高波达到 80%，增益提高 6 dB，沿钢轨纵向向前平移探头，直至伤波波高降至 80%，并记录近点 $A$ 的水平距离 $L_1$ 和垂直距离 $H_1$；向后平移探头直至伤波波高再次达到 80%，并记录远点 $B$ 的水平距离 $L_2$ 和垂直距离 $H_2$，如图 21-1 所示。则螺孔裂纹的长度为

$$S=\sqrt{(H_2-H_1)^2+(L_2-L_1)^2}$$

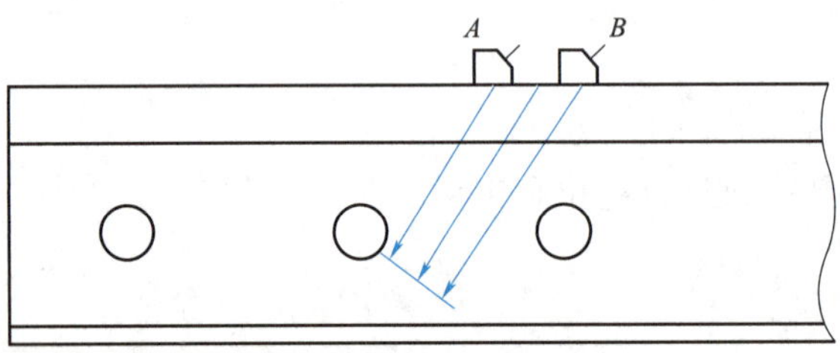


图 21-1　测量螺孔裂纹长度

实训结束后，整理仪器设备，关闭电源，恢复到实训前的状态。

### 3. 考核标准

（1）仪器工作状态调节正确。

（2）操作方法和步骤正确。

（3）测量结果误差值在（−2～2）mm 以内。

（4）具有良好的职业沟通能力、协调能力、团队协作能力。

（5）具有安全与文明操作的意识。

## 实训报告

### 1. 基本信息

实训名称：______________________　日期：______年____月____日

姓名：______________________　学号：______________

班级：______________________　组别：______________

### 2. 实训目的

### 3. 实训设备

### 4. 操作步骤

### 5. 数据及结论

$L_1$=____mm，$L_2$=____mm，$H_1$=____mm，$H_2$=____mm。

$S=\sqrt{(H_2-H_1)^2+(L_2-L_1)^2}$=____mm。

螺孔裂纹位置如图 21-2 所示。

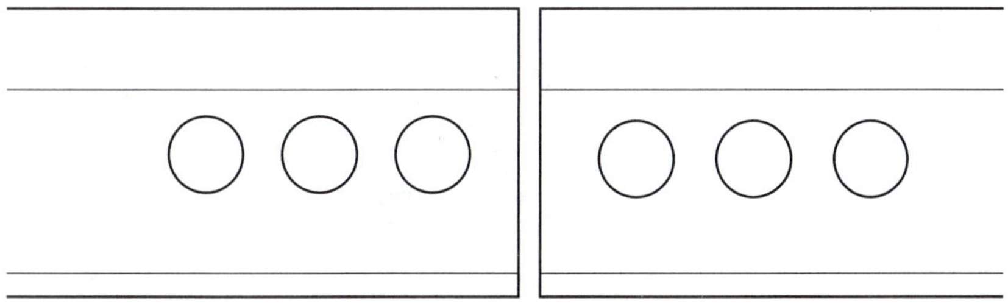

图 21-2　螺孔裂纹位置

### 6. 考核评价

## 随堂小测

1. 确定螺孔裂纹长度的方法是（　　）。
   A. 当量法计算得出裂纹尺寸
   B. 6 dB 法查找边缘深度，并根据三角函数求得
   C. 6 dB 法查找边缘深度及位置，并根据三角函数求得
   D. 观察回波位移刻度，根据经验值计算
2. 确定螺孔裂纹长度，调整检测灵敏度的方法是（　　）。
   A. 螺孔波 80%，再增益 14～20 dB　B. 螺孔波 80%，再增益 8～10 dB
   C. 螺孔波 50%，再增益 14～20 dB　D. 螺孔波 50%，再增益 8～10 dB
3. 确定螺孔裂纹长度应调整声程为（　　）。
   A. 150 mm　B. 200 mm　C. 250 mm　D. 300 mm
4. “抑制”置为（　　）。
   A. 关闭　B. 5%～10%　C. 15%～20%　D. 20%以上

# 实训项目 22 焊缝轨头探伤

## 知识概要

焊缝是钢轨的薄弱环节，容易产生各种伤损，加强对焊缝的探伤有利于行车安全。焊缝轨头探伤是焊缝探伤中很重要的环节。

## 学习目标

（1）掌握焊缝轨头伤损的探测方法。

（2）能够对焊缝轨头伤损进行定位和定量。

## 基础知识

钢轨焊接主要有闪光焊、气压焊、铝热焊 3 种焊接方法。

闪光焊（接触焊）是一种电阻焊，主要利用低电压、大电流产生电阻热，使轨端加热至表面熔化状态，然后立即断电并加压，使两钢轨端面互相结晶，焊在一起。闪光焊是目前我国厂内焊接的主要方法。

气压焊分为熔化气压焊和塑性气压焊，焊接时，将钢轨两清洁面紧密贴合并对贴面使用专用焊具产生气体火焰加热，待贴合面及附近被加热至塑性状态时对贴合面加以顶锻，在压力作用下固溶体中的原子之间进行扩散再结晶，使两根钢轨焊接在一起。气压焊在钢轨焊接中应用得越来越少。

铝热焊又称铸焊法，是将铝粉、氧化铁粉、铁钉屑和铁合金等按一定比例配成铝热焊剂，用高温火柴点燃后，发生剧烈的化学反应和冶金反应，使其瞬间温度达到 1 200～1 300℃，钢水下沉，氧化铝以渣的形态浮于金属上面，然后把钢水注入套在对接钢轨上预热好的砂模铸型内，与预热温度达 900℃以上的钢轨端部熔合，冷却后将两节钢轨焊接在一起。

## 操作指南

### 1. 所需设备

操作所需的仪器设备及材料见表 22-1。

表 22-1 仪器设备及材料

| 序号 | 仪器设备及材料 | 数量 |
|---|---|---|
| 1 | CTS-9003 型仪器 | 1 |
| 2 | 带焊缝轨头伤损的钢轨 | 适量 |

续表

| 序号 | 仪器设备及材料 | 数量 |
|---|---|---|
| 3 | 5P10×10K2.5 斜探头、探头线 | 1 |
| 4 | GHT-2 钢轨焊缝探伤扫查架 | 1 |
| 5 | CHT-5 试块 | 1 |
| 6 | GHT-1b 焊缝试块 | 1 |
| 7 | 机油 | 适量 |
| 8 | 毛刷 | 1 |
| 9 | 除锈扁铲 | 1 |
| 10 | 除锈剂、除锈刷 | 1 |
| 11 | 防护镜 | 1 |

### 2. 操作步骤

#### 1）单探头法探测焊缝轨头

（1）探测面（踏面）打磨、除锈。

焊缝两侧 200 mm 范围内探测面（主要为轨头和轨底坡面）应打磨除锈，轨底角、轨底连接圆弧处的焊渣、铁锈等必须清除干净，使探测面达到探伤耦合要求，以确保探头耦合良好。另外，影响探测的扣件也必须拆除。

（2）设定仪器参数。

声程“范围”为“250 mm”，“探头”为“斜”探头，“工作方式”为“单”，“频带”为“宽”，“抑制”为 10%～20%，其他参照实训项目 18。

（3）单探头灵敏度调节。

试块调节法（见图 22-1）：将 CHT-5 试块 B 区 5 号横孔反射波调整到满高度的 80%，然后根据探测面情况进行适当表面耦合补偿（一般为 2～6 dB），作为探测焊缝轨头部位的探伤灵敏度。

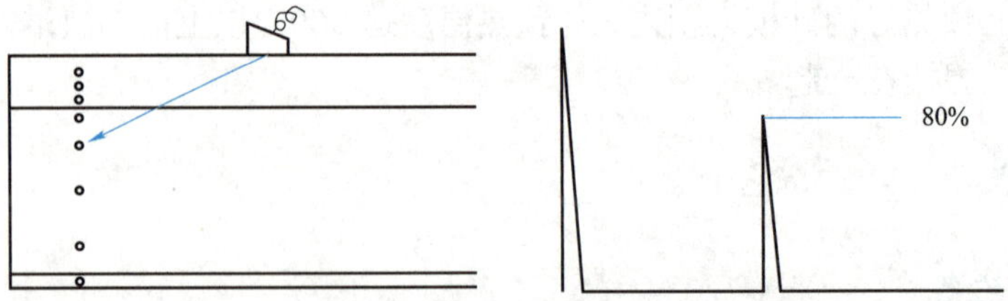


图 22-1 试块调节法调节灵敏度

现场钢轨调节法（见图 22-2）：在被探焊缝钢轨底角上进行调节（表面粗糙度要与焊缝探测面相近），探头横向置于轨底角上，探头入射点距侧边 10 mm 左右，找出对边轨底角回波最大值，显示在显示屏刻度 5.0 左右处，调节仪器增益、衰减器，使轨底角回波为 80%，增益 20 dB，作为探测焊缝轨头部位的探伤灵敏度。

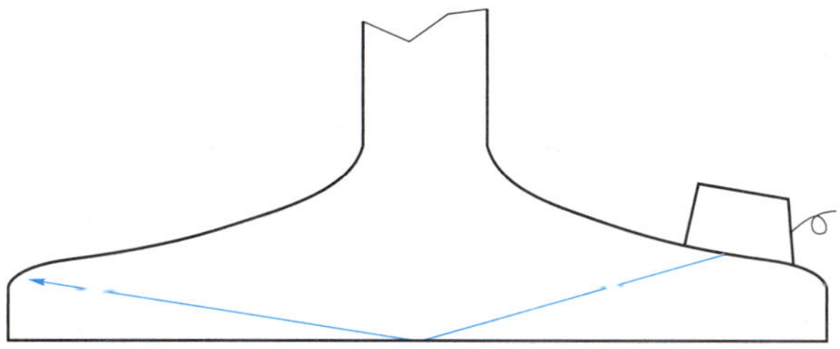

图 22-2　现场钢轨调节法调节灵敏度

（4）单探头探伤扫查。

在探伤灵敏度上提高 4～6 dB 作为扫查灵敏度，分别从焊缝两侧进行扫查。除平行于钢轨纵向扫查外，还要偏斜某个角度进行扫查，同时适当左右摆动探头，以利于发现伤损。具体做法为：用拇指和食指握紧探头，用中指在钢轨侧面卡位；用一次波和二次波在焊缝轨面两侧进行锯齿形扫查（整个轨头部位），一次波探头移动区域为距焊缝中心 0～150 mm，做无偏角扫查，二次波探头移动区域为距焊缝中心 100～250 mm，探头在轨面中心线上，以 15° 偏角扫查。

无偏角纵向移动扫查操作要领：将 K2.5 探头置于轨面上（见图 22-3），探头纵向中心距离轨顶侧边分别为 16 mm、26 mm、36 mm、46 mm、56 mm 处，偏角为 0° 纵向移动探头，移动区域为距焊缝中心 0～150 mm。本次扫查利用一次波检出钢轨焊缝轨头中的缺陷。

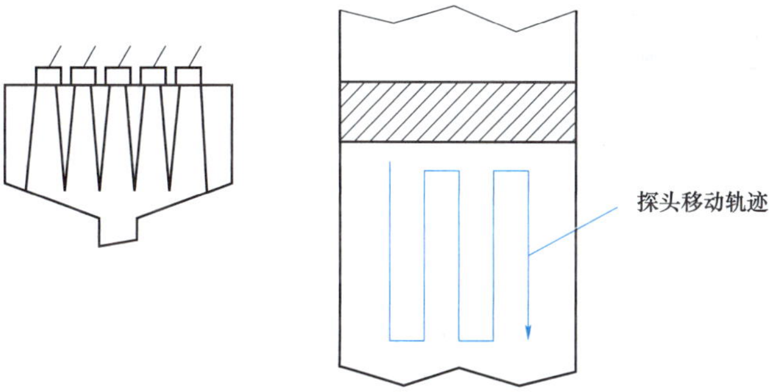


图 22-3　无偏角纵向移动扫查

偏角纵向移动扫查操作要领：将 K2.5 探头置于轨面中心线上（见图 22-4），以 15° 偏角纵向移动探头，移动区域为距焊缝中心 100～250 mm，利用轨颚反射波检出焊缝轨头内外侧的缺陷；焊缝内、外两侧共扫查 4 次。

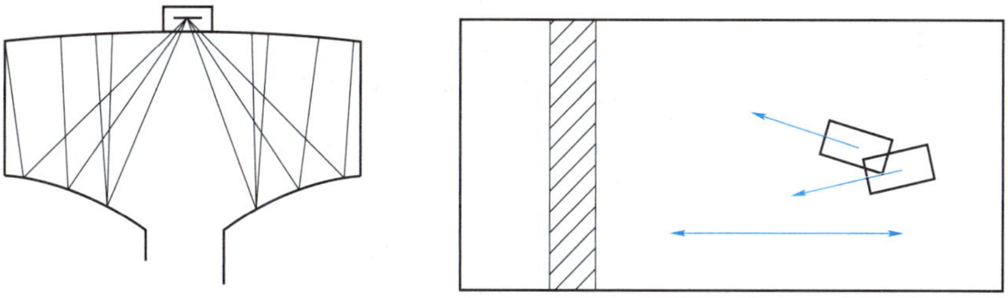

图 22-4　偏角纵向移动扫查

（5）判伤。

根据波形显示规律、游动距离，结合定位测量，正确区分焊筋波和伤波。缺陷的定位：可将门线移到缺陷回波上，即可从显示屏右侧检测数据显示区直接读出缺陷距探头入射点的水平距离、垂直距离。缺陷定量：可采用 DAC 曲线定量。

2）双探头法探测焊缝轨头。

（1）探测面（轨头侧面）打磨、除锈（同单探头），安装 GHT−2 钢轨焊缝探伤扫查架。

（2）设定仪器参数。

声程“范围”为“250 mm”，“探头”为“斜”探头，“工作方式”为“双”，“频带”为“宽”，“抑制”为 10%～20%，其他参照实训项目 18。

（3）双探头灵敏度调节。

将扫查架上零位指针对准 GHT−1 b 焊缝试块平底孔底部位置（如孔深 70 mm，就对准离钢轨端面 70 mm 处，可用钢板尺量），安放好扫查架。

探头转换盒上的波段旋钮置于轨头位，移动探头扫查 2 号孔，使 2 号孔反射波最高时用衰减器将波高调到 80%，记下分贝值读数，作为轨头探伤灵敏度（见图 22−5），并同时记下反射波起始的水平刻度（即为伤波出现的位置），存档作为轨头探伤的基准。

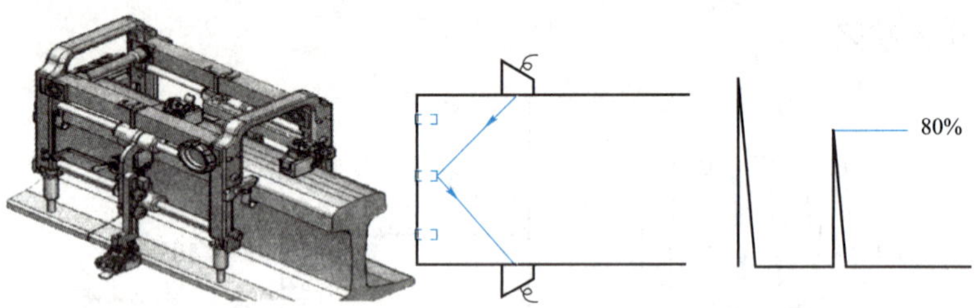


图 22−5　轨头 K 型探伤灵敏度校准

（4）焊缝轨头探伤扫查。

将扫查架上零位指针对准钢轨焊缝中心，扫查架安装到位，也可将扫查架上轨底探头的标尺指针对准标尺 0 位，再将轨底探头中心（约 10 mm）对准钢轨焊缝。仪器在探伤灵敏度基础上再增益 4～6 dB 作为扫查灵敏度，旋转探头转换盒上的波段旋钮，确定扫查轨头部位，旋动手轮扫查两遍。

（5）判伤。

根据波形显示规律、游动距离，结合定位测量，正确区分焊筋波和伤波。探头入射点到缺陷的水平距离就是缺陷距探测面的深度，探头移动距离就是缺陷高度。焊缝轨头正常回波与缺陷回波显示如图 22−6 和图 22−7 所示。

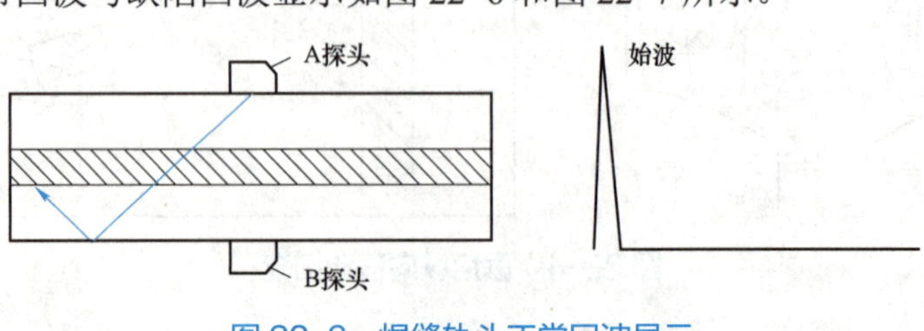


图 22−6　焊缝轨头正常回波显示

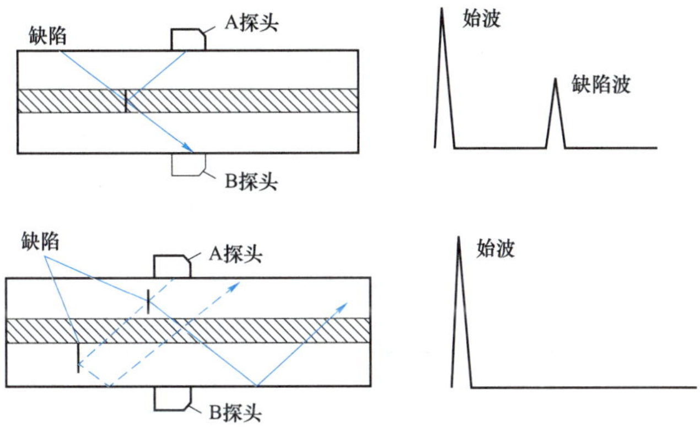


图 22-7 焊缝轨头缺陷回波显示

实训结束后，整理仪器设备，关闭电源，恢复到实训前的状态。

### 3. 考核标准

（1）仪器工作状态调节正确。

（2）操作方法和步骤正确。

（3）测量结果误差值在（−2～2 mm）以内。

（4）具有良好的职业沟通能力、协调能力、团队协作能力。

（5）具有安全与文明操作的意识。

## 数字资源

扫描下方二维码获取本部分内容数字学习资源。

## 实训报告

### 1. 基本信息

实训名称：______________________ 日期：_____年____月____日

姓名：______________________ 学号：________________

班级：______________________ 组别：________________

### 2. 实训目的

### 3. 实训设备

### 4. 操作步骤

### 5. 数据及结论（见表 22-2）

表 22-2 数据及结论

| 伤损编号 | 伤损高度 | 伤损深度 | 伤损位置 | 回波描述 | 伤损判定 |
|---|---|---|---|---|---|
| 1 | | | | | |
| 2 | | | | | |
| 3 | | | | | |
| 4 | | | | | |

绘制焊缝轨头伤损示意图（见图 22-8）。

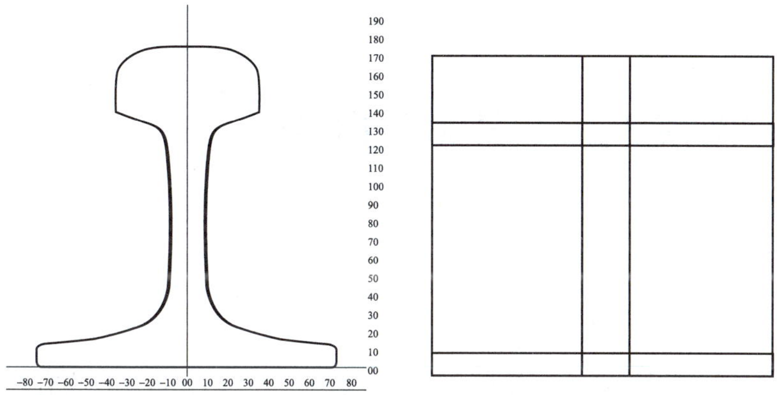

图 22-8　焊缝轨头伤损示意图

### 6. 考核评价

## 随堂小测

1. 钢轨焊接的主要方式有（　　）。
   A. 闪光焊　　B. 气压焊　　C. 铝热焊　　D. 以上全部
2. 焊缝两侧（　　）范围内探测面（主要为轨头和轨底坡面）应打磨除锈。
   A. 100 mm　　B. 200 mm　　C. 300 mm　　D. 500 mm
3. 焊缝轨头探伤灵敏度可用（　　）调节。
   A. CHT-5 试块 B 区 5 号横孔反射波
   B. GHT-5 试块 C 区 2 号竖孔
   C. GHT-5 试块 A 区 7 号横孔
   D. 以上全部
4. 单探头检测时探头移动区域为距焊缝中心（　　）。
   A. 100～200 mm　　B. 0～150 mm
   C. 0～100 mm　　D. 150～300 mm

# 实训项目 23 焊缝轨腰探伤

## 知识概要

焊缝是钢轨的薄弱环节，容易产生各种伤损，加强对焊缝的探伤有利于行车安全。焊缝轨腰探伤是焊缝探伤中很重要的环节。

## 学习目标

（1）掌握焊缝轨腰的探测方法。

（2）能够对焊缝轨腰伤损进行定位和定量。

## 基础知识

铝热焊焊缝缺陷包括气孔、疏松、缩孔、未焊合、热裂纹、夹砂、夹渣等。即使焊接质量良好，铝热焊接头的屈服强度也只有母材的 70%左右。

气孔以单个或蜂窝状存在，一般发生在轨腰和轨头中部。产生气孔的主要原因有：焊剂成分及配比不当、焊剂受潮、焊剂中有油、自动脱塞或镇静时间不够、型砂配比不当、型砂含水量过大、预热温度过低、预热后至浇注前停留时间过长等。

缩孔和疏松是由于局部凝固较慢，体积收缩得不到外来钢水补充。缩孔集中，似海绵状，即为疏松。产生缩孔和疏松的主要原因有：预热时间过长、局部高温有过热现象（特别是轨腰部分有局部过热现象）、预热枪或砂模装偏形成一侧有过热现象、轨缝过大等。

未焊合是经铝热焊后，原来钢轨端面仍有没有熔化的区域。其产生原因有：钢轨预热温度过低、预留轨缝太小、浇注系统设计不良、铸型未浇满或夹渣、扣箱时对偏等。

热裂纹是在钢轨凝固过程中，在稍低于凝固点的一定温度范围内强度较低，如果内部的收缩应力或其受到的外力超过该温度范围内钢的强度极限，就会产生裂纹和断裂（称热裂），表面常带有氧化蓝色。热裂纹产生的原因包括：焊接过程中轨缝有移动、过早拆箱使焊头提前受力、提前去瘤使焊头提前受力、焊头冷却未完全、凝固时受到外力锤击等。

夹砂是铸型在扣箱时或浇注过程中被损坏，使型砂进入焊缝内。夹砂产生的原因包括：型砂石英相变膨胀使型壁表层开裂或形成脆层夹砂、钢水高温作用下型壁表层水分迅速内迁导致落砂、钢水不平稳流动冲刷型壁引起夹砂、型砂捣固过松、型砂表层水分风干后强度低导致落砂、扣箱时移动过程中损坏型砂掉入型腔内等。

夹渣是指熔渣进入焊缝。其产生的原因包括：熔渣喷出进入型腔，黏附在钢轨表面，钢水进入型腔不能把这部分熔渣冲走，造成夹渣；反应没有完成就进行浇注，渣子不能完全上浮；轨缝过大，钢水不够或轨底铸型“跑铁”等，使熔渣进入型腔，易在轨顶产生夹渣等。

## 操作指南

### 1. 所需设备

操作所需的仪器设备及材料见表 23-1。

表 23-1 仪器设备及材料

| 序号 | 仪器设备及材料 | 数量 |
|---|---|---|
| 1 | CTS-9003 型仪器 | 1 |
| 2 | 带焊缝轨腰伤损的钢轨 | 适量 |
| 3 | 2.5P20 直探头、探头线 | 1 |
| 4 | GHT-2 钢轨焊缝探伤扫查架 | 1 |
| 5 | CHT-5 试块 | 1 |
| 6 | GHT-1a 焊缝试块 | 1 |
| 7 | 机油 | 适量 |
| 8 | 毛刷 | 1 |
| 9 | 除锈扁铲 | 1 |
| 10 | 除锈剂、除锈刷 | 1 |
| 11 | 防护镜 | 1 |

### 2. 操作步骤

#### 1）单探头法探测焊缝轨腰

（1）探测面（踏面）打磨、除锈。

焊缝两侧 300 mm 范围内探测面应打磨、除锈。

（2）设定仪器参数。

声程“范围”为“200 mm”，“探头”为“直”探头，“工作方式”为“单”，“频带”为“宽”，“抑制”为 10%～20%，其他参照实训项目 18。

（3）单探头灵敏度调节。

试块调节法（见图 23-1）：将 GHT-5 试块 A 区 7 号横孔反射波波高调整到满高度的 80%，然后根据探测面情况进行适当表面耦合补偿（一般为 2～6 dB），作为直探头焊缝轨腰探伤灵敏度。

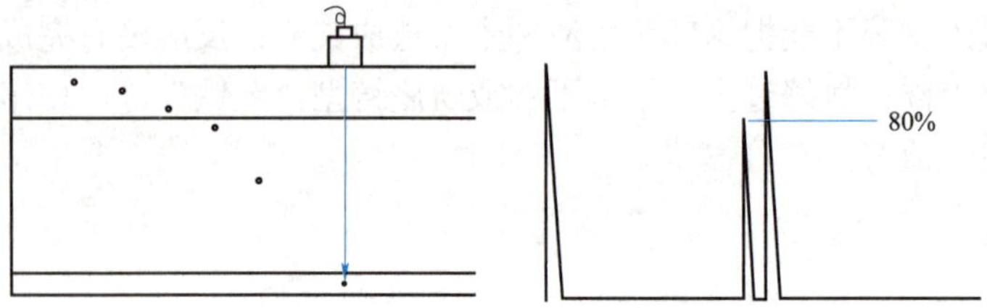


图 23-1　试块调节法调节灵敏度

现场钢轨调节法：现场 60 kg/m 钢轨轨底波调至 80%，再增加 18 dB。

（4）单探头探伤扫查。

直探头置于轨面纵向中部、距焊缝中心两边各 50 mm 的区域内（见图 23-2），纵向缓慢移动探头进行扫查，利用直探头反射式探伤法，检出焊缝中反射面与探测面平行的缺陷；利用直探头穿透式探伤法，检出焊缝中粗晶、缩松等缺陷。

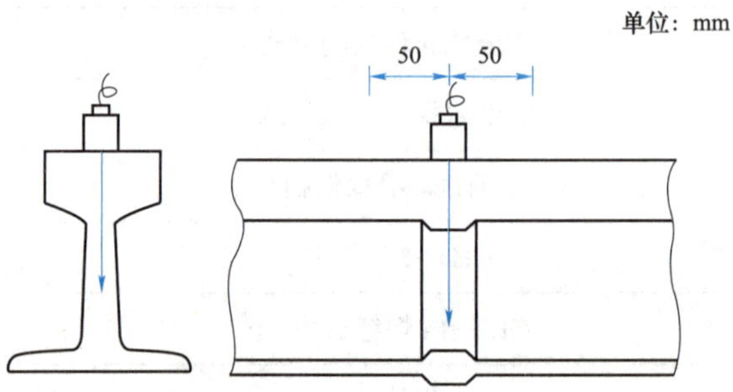


图 23-2　单探头探伤扫查

（5）判伤。

根据波形显示规律，可从显示屏检测数据显示区中直接读出缺陷距轨面的深度，并通过 AVG 曲线对伤损定量。各类伤损回波情况如图 23-3～图 23-6 所示。

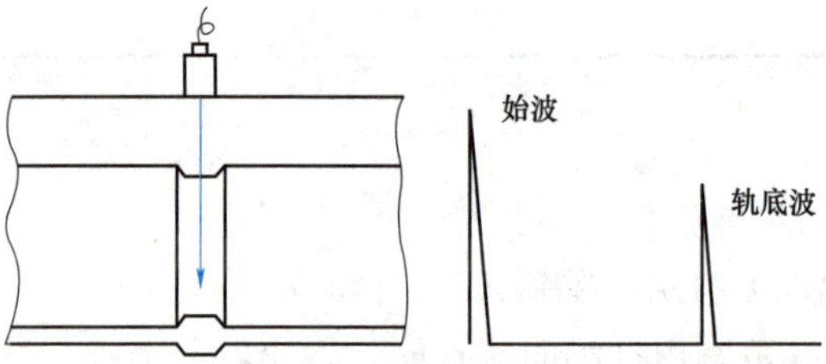


图 23-3　焊缝轨腰正常回波显示

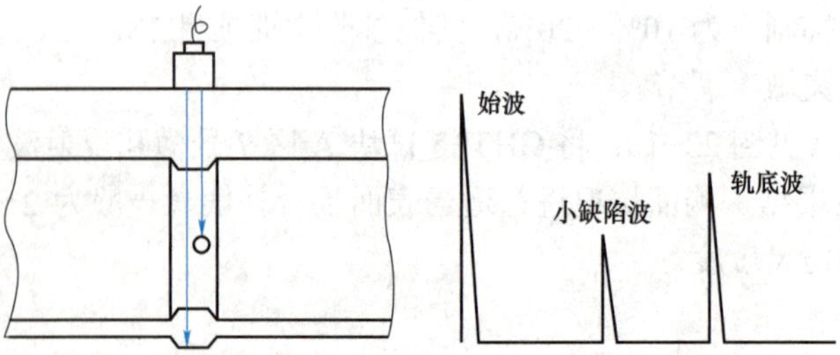


图 23-4　缺陷波与轨底波共同显示

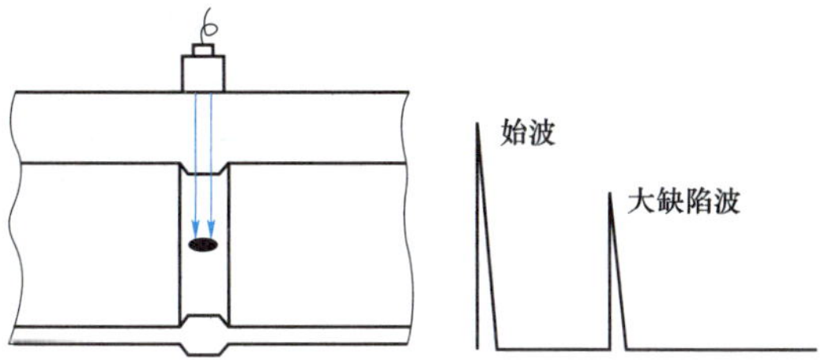


图 23-5　只有缺陷波显示

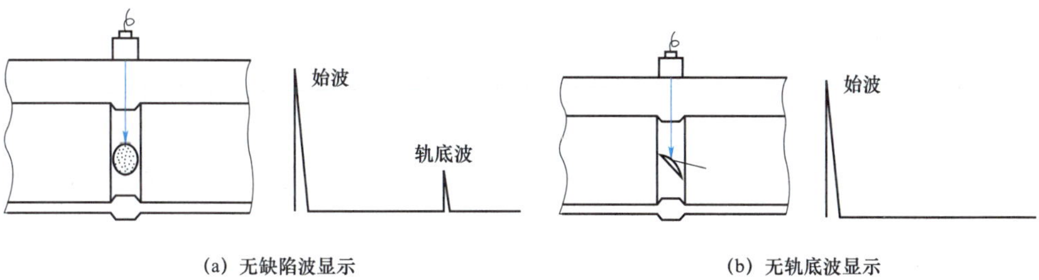


图 23-6　无缺陷波和无轨底波显示

2）双探头法探测焊缝轨头

（1）探测面（轨头侧面）打磨、除锈（同单探头），安装 GHT-2 钢轨焊缝探伤扫查架。

（2）设定仪器参数。

声程“范围”为“300 mm”，“探头”为“斜”探头，“工作方式”为“双”，“频带”为“宽”，“抑制”为 10%～20%，其他参照实训项目 18。

（3）双探头灵敏度调节。

试块调节法：将扫查架上零位指针对准 GHT-1a 焊缝试块平底孔底部位置（如孔深 70 mm，就对准离钢轨端面 70 mm 处，可用钢板尺量），安放好扫查架。探头转换盒上的波段旋钮置于轨腰位，移动探头扫查 4 号孔，使 4 号孔反射波最高时用衰减器将波高调到 80%，记下分贝值读数，作为轨腰探伤灵敏度（见图 23-7），并同时记下反射波起始的水平刻度（即为伤波出现的位置），存档作为轨腰探伤的基准。

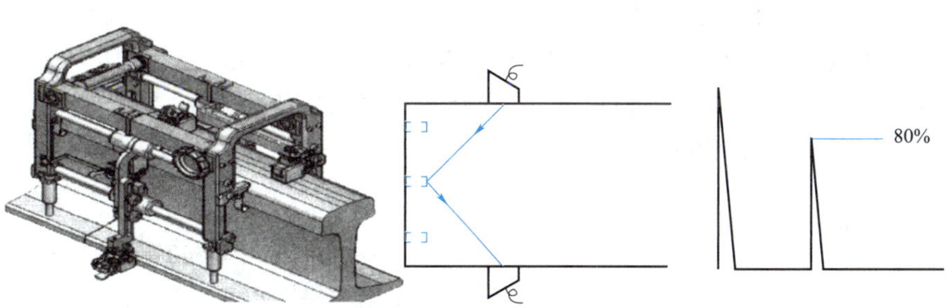


图 23-7　轨头 K 型探伤灵敏度校准

现场钢轨调节法：将探头放置在被探钢轨轨面上（见图 23-8），A 探头发射声波直接被 B 探头接收，前后移动探头使回波达到最高，调节衰减器使回波达到 80%，然后释放 24 dB。

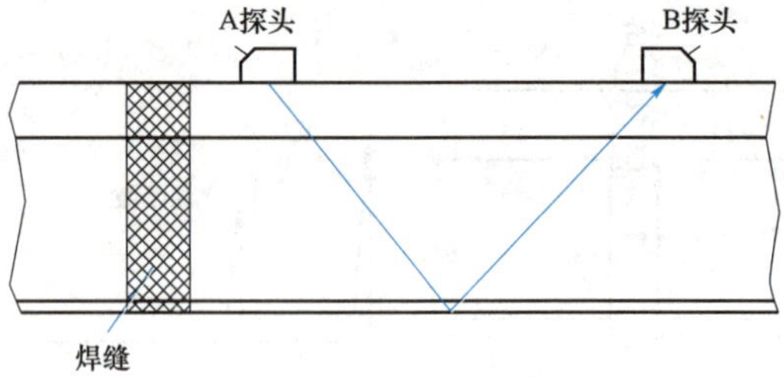


图 23-8　现场钢轨调节法调节灵敏度

（4）焊缝轨腰探伤扫查。

将扫查架上零位指针对准钢轨焊缝中心，扫查架安装到位，也可将扫查架上轨底探头的标尺指针对准标尺 0 位，再将轨底探头中心（约 10 mm）对准钢轨焊缝。仪器在探伤灵敏度基础上再增益 4～6 dB 作为扫查灵敏度，旋转探头转换盒上的波段旋钮，确定扫查轨腰部位，旋动手轮扫查两遍。

（5）判伤。

根据回波显示时扫查架刻度尺指示值，读取缺陷离轨面的深度。根据回波起点到终点显示时扫查架刻度尺指针移动距离确定缺陷当量。焊缝轨腰正常回波显示应在显示屏上除始波外无任何波形显示。焊缝轨腰缺陷回波显示如图 23-9 所示。

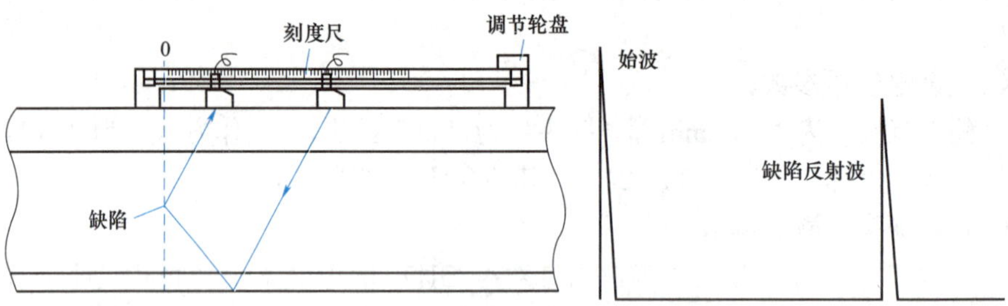


图 23-9　焊缝轨腰缺陷回波显示

实训结束后，整理仪器设备，关闭电源，恢复到实训前的状态。

### 3. 考核标准

（1）仪器工作状态调节正确。

（2）操作方法和步骤正确。

（3）测量结果误差值在（−2～2）mm 以内。

（4）具有良好的职业沟通能力、协调能力、团队协作能力。

（5）具有安全与文明操作的意识。

## 数字资源

扫描下方二维码获取本部分内容数字学习资源。

## 实训报告

### 1. 基本信息

实训名称：________________________　　日期：______年____月____日

姓名：__________________________　　学号：________________

班级：__________________________　　组别：________________

### 2. 实训目的

### 3. 实训设备

### 4. 操作步骤

### 5. 数据及结论（见表 23-2）

表 23-2　数据及结论

| 伤损编号 | 伤损高度 | 伤损深度 | 伤损位置 | 回波描述 | 伤损判定 |
| --- | --- | --- | --- | --- | --- |
| 1 | | | | | |
| 2 | | | | | |
| 3 | | | | | |
| 4 | | | | | |

绘制焊缝轨腰伤损示意图（见图 23-10）。

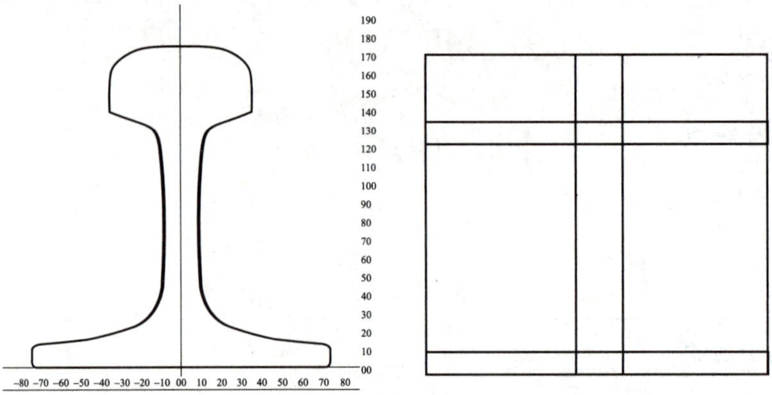

图 23-10 焊缝轨腰伤损示意图

## 6. 考核评价

## 随堂小测

1. (  ) 不是焊缝轨腰容易出现的伤损。

A. 疏松　　B. 缩孔　　C. 核伤　　D. 夹砂

2. 夹渣是 (  ) 进入焊缝。

A. 土渣　　B. 型砂　　C. 砂石　　D. 熔渣

3. 夹砂是 (  ) 进入焊缝。

A. 土渣　　B. 型砂　　C. 砂石　　D. 熔渣

4. 焊缝轨腰探伤灵敏度可用 (  ) 调节。

A. CHT-5 试块 B 区 5 号横孔反射波

B. GHT-5 试块 C 区 2 号竖孔

C. GHT-5 试块 A 区 7 号横孔

D. 以上全部

# 实训项目 24　焊缝轨底探伤

## 知识概要

焊缝是钢轨的薄弱环节，容易产生各种伤损，加强对焊缝的探伤有利于行车安全。焊缝轨底探伤是焊缝探伤中很重要的环节。

## 学习目标

（1）掌握焊缝轨底伤损的探测方法。

（2）能够对焊缝轨底伤损进行定位和定量。

## 基础知识

闪光焊焊缝缺陷包括打磨引起的轨腰水平裂纹、电极灼伤、推凸过程中的夹渣、灰斑（平斑）、热裂纹、过烧缺陷、未焊合缺陷等。厂焊的闪光焊接头强度较高，一般无须经常性检测，现场闪光焊需要按工区计划组织探伤。

气压焊焊缝缺陷包括光斑、过烧、未焊合等。由于易出现伤损，气压焊目前在线路上应用得比较少，在钢轨探伤中若遇到气压焊接头，应重点检测。

## 操作指南

### 1. 所需设备

操作所需的仪器设备及材料见表 24-1。

表 24-1　仪器设备及材料

| 序号 | 仪器设备及材料 | 数量 |
|---|---|---|
| 1 | CTS-9003 型仪器 | 1 |
| 2 | 带焊缝轨头伤损的钢轨 | 适量 |
| 3 | 5P10×10K2.5 斜探头、探头线 | 1 |
| 4 | GHT-2 钢轨焊缝探伤扫查架 | 1 |
| 5 | CHT-5 试块 | 1 |
| 6 | GHT-1a 焊缝试块 | 1 |
| 7 | 机油 | 适量 |
| 8 | 毛刷 | 1 |
| 9 | 除锈扁铲 | 1 |

续表

| 序号 | 仪器设备及材料 | 数量 |
| --- | --- | --- |
| 10 | 除锈剂、除锈刷 | 1 |
| 11 | 防护镜 | 1 |

## 2. 操作步骤

### 1）单探头法探测焊缝轨腰

（1）探测面（踏面）打磨、除锈。

焊缝两侧 200 mm 范围内探测面打磨、除锈。

（2）设定仪器参数。

声程“范围”为“150 mm”，“探头”为“斜”探头，“工作方式”为“单”，“频带”为“宽”，“抑制”为 10%～20%，其他参照实训项目 18。

（3）单探头灵敏度调节。

试块调节法（见图 24–1）：将 GHT–5 试块 C 区 2 号竖孔上棱角的二次波反射波调整到满高度的 80%，然后根据探测面情况进行适当的表面耦合补偿（一般为 2～6 dB）。

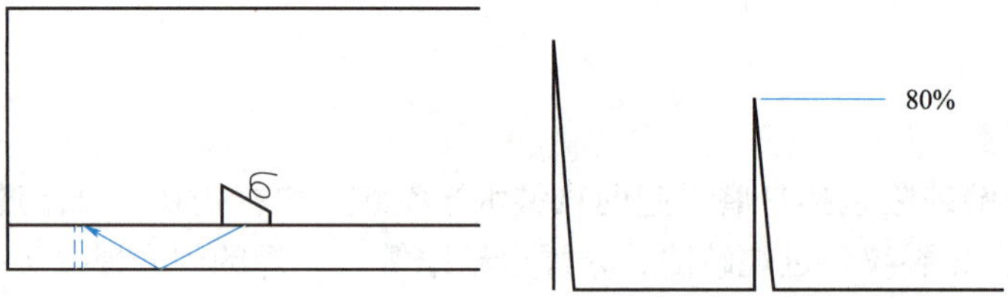


图 24–1　试块调节法

现场钢轨调节法：调节方法与单探头法探测焊缝轨头相同，但探伤灵敏度释放量有所不同：当对轨底角 1～3 区探伤时，轨底角回波 80%，增益为 10 dB；当对轨底角 4～6 区探伤时，增益为 20 dB。

（4）单探头探伤扫查。

在焊缝轨底扫查中，将轨底分为轨底三角区和轨底角，又将轨底角划分为 6 个探测区［见图 24–2（a）］，使用一个 K2.5 探头，分别按不同的偏角和位置进行纵向移动探头扫查，利用二次波探测焊缝上半部分，一、三次波探测焊缝下半部分［见图 24–2（b）］。

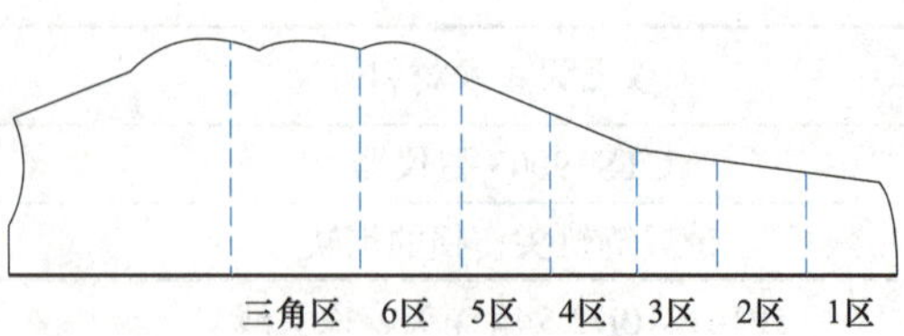


(a) 三角区和6个探测区

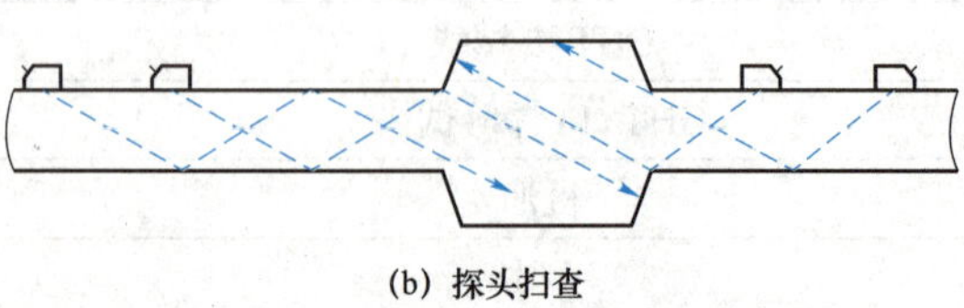

(b) 探头扫查

图 24–2　单探头探伤扫查

轨底角使用 K2.5 探头扫查，要求和作用见图 24-3 和表 24-2。

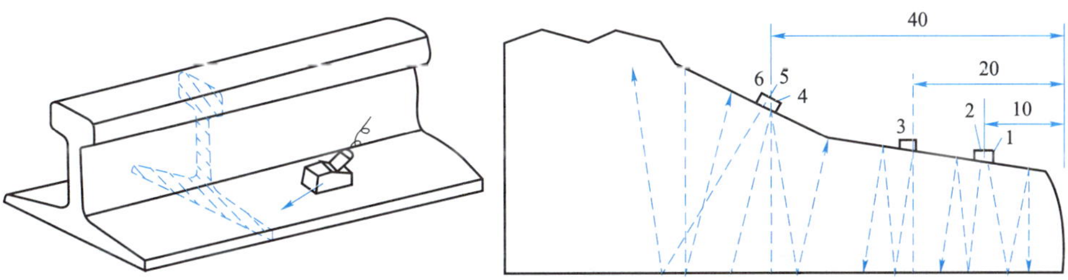


图 24-3　轨底角扫查

表 24-2　轨底角扫查的要求

| 扫查区域 | 探头入射点距轨底角边/mm | 探头偏角 | 探头移动范围（距焊缝中心）/mm | 使用声波 | 探测范围（距轨底角边）/mm |
|---|---|---|---|---|---|
| 1 区 | 10 | 向外偏 10° | 40～110 | 二、三次波 | 0～15 |
| 2 区 | 10 | 偏角为 0° | 40～110 | 二、三次波 | 10～25 |
| 3 区 | 20 | 偏角为 0° | 40～110 | 二、三次波 | 20～35 |
| 4 区 | 40 | 向外偏 15° | 40～130 | 一、二次波 | 30～45 |
| 5 区 | 40 | 向外偏 8° | 40～130 | 一、二次波 | 40～55 |
| 6 区 | 40 | 偏角为 0° | 40～130 | 一、二次波 | 50～65 |

从扫查要求可知，1 个轨底角需进行 6 次扫查，焊缝两侧的 4 个轨底角共扫查 24 次。

（5）判伤。

根据波形显示规律，可从显示屏检测数据显示区中直接读出缺陷距轨面的深度，对于大的伤损可采用 6 dB 时基线法判断，对于小的核伤可采用 DAC 曲线判断，具体如图 24-4～图 24-8 所示。

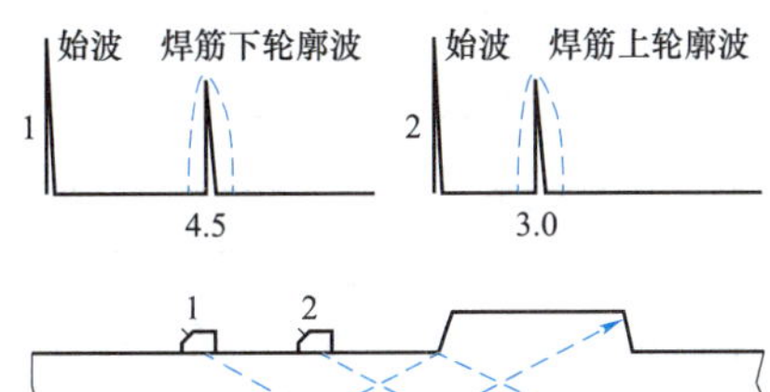


图 24-4　扫查轨底角 1～3 区时

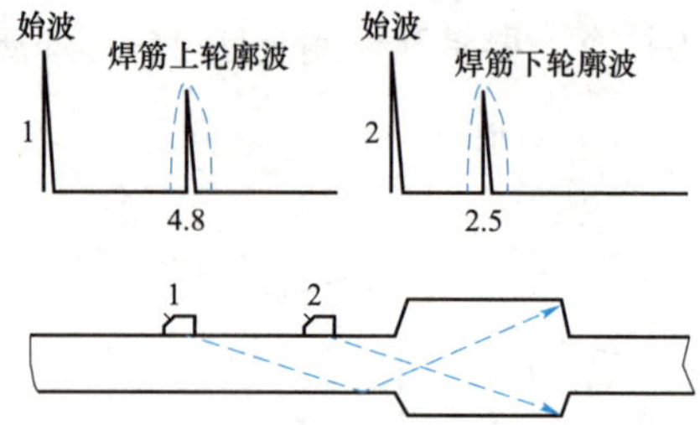


图 24-5　扫查轨底角 4~6 区时

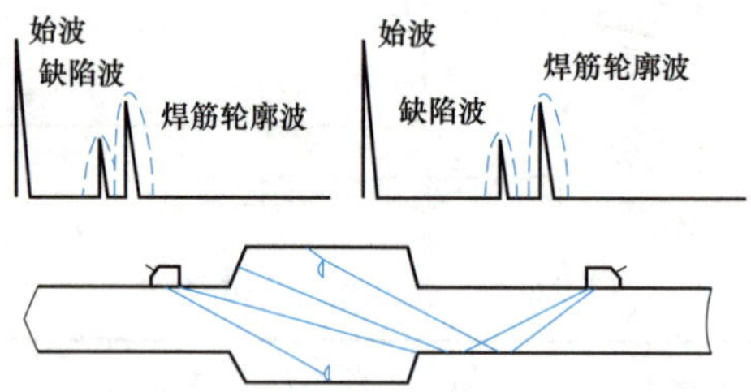


图 24-6　小缺陷波形显示

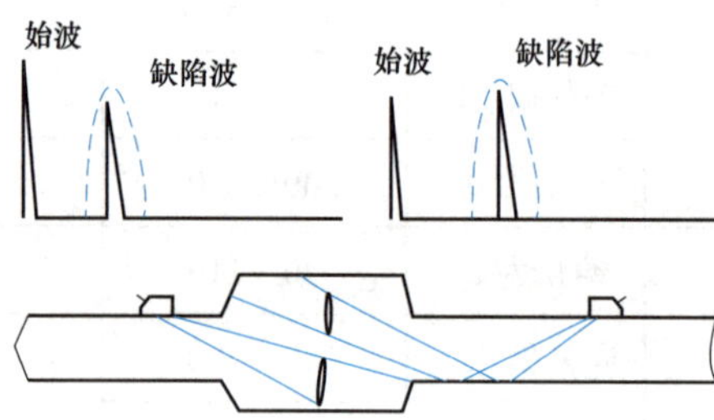


图 24-7　大缺陷波形显示

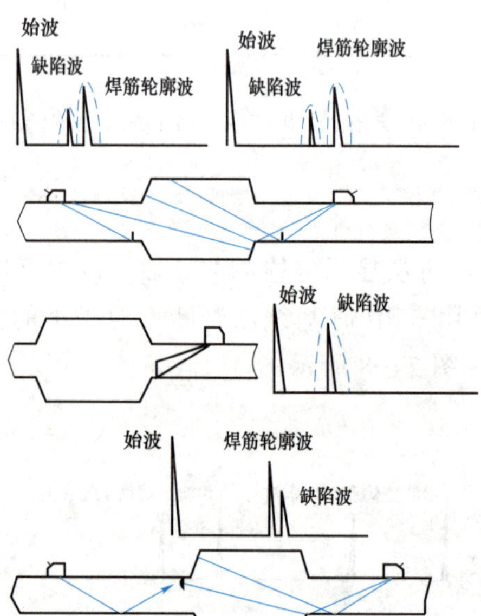


图 24-8　热影响区内缺陷波形显示

2）双探头法探测焊缝轨头

（1）探测面（轨头侧面）打磨、除锈（同单探头），安装 GHT-2 钢轨焊缝探伤扫查架。

（2）设定仪器参数。

声程“范围”为“250 mm”，“探头”为“斜”探头，“工作方式”为“双”，“频带”为“宽”，“抑制”为 10%～20%，其他参照实训项目 18。

（3）双探头灵敏度调节。

将扫查架上零位指针对准 GHT−la 焊缝试块平底孔底部位置（如果孔深为 70 mm，就对准离钢轨端面 70 mm 处，可用钢板尺量），安放好扫查架。

探头转换盒上的波段旋钮置于轨底位，移动探头扫查 5 号孔（距轨面 166 mm$\phi$3 横孔），使 5 号孔反射波最高时用衰减器将波高调到 80%，此时记下分贝值读数，作为轨底探伤灵敏度，并同时记下反射波起始的水平刻度（即为伤波出现的位置），存档作为轨底探伤的基准。

（4）焊缝轨底探伤扫查。

将扫查架上零位指针对准钢轨焊缝中心，扫查架安装到位，也可将扫查架上轨底探头的标尺指针对准标尺 0 位，再将轨底探头中心（约 10 mm）对准钢轨焊缝。仪器在探伤灵敏度基础上再增益 4～6 dB 作为扫查灵敏度，旋转探头转换盒上的波段旋钮，确定扫查轨底部位，旋动手轮扫查两遍。

（5）判伤。

正常无伤损时，显示屏除始波外无任何波形显示，有伤损时显示为出波位置固定的缺陷波。根据回波显示时扫查架刻度尺指示值，读取缺陷离轨面的深度。根据回波起点到终点显示时扫查架刻度尺指针移动距离确定缺陷当量。

实训结束后，整理仪器设备，关闭电源，恢复到实训前的状态。

### 3. 考核标准

（1）仪器工作状态调节正确。

（2）操作方法和步骤正确。

（3）测量结果误差值在±2 mm 以内。

（4）具有良好的职业沟通能力、协调能力、团队协作能力。

（5）具有安全与文明操作意识。

## 数字资源

扫描下方二维码获取本部分内容数字学习资源。

## 实训报告

### 1. 基本信息

实训名称：________________________ 日期：_____年____月____日

姓名：____________________________ 学号：________________

班级：____________________________ 组别：________________

### 2. 实训目的

### 3. 实训设备

### 4. 操作步骤

### 5. 数据及结论

| 伤损编号 | 伤损高度 | 伤损深度 | 伤损位置 | 回波描述 | 伤损判定 |
|---|---|---|---|---|---|
| 1 | | | | | |
| 2 | | | | | |
| 3 | | | | | |
| 4 | | | | | |

绘制焊缝轨底伤损示意图（见图 24–9）。

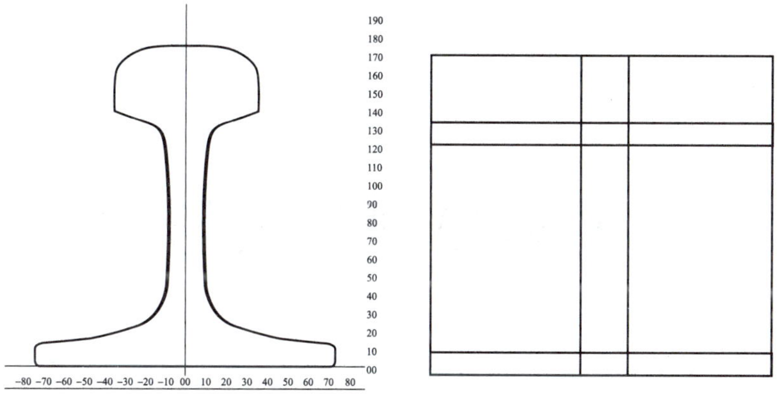

图 24-9 焊缝轨底伤损示意图

### 6. 考核评价

## 随堂小测

1. 焊缝轨底探伤灵敏度可用（　　）调节。
   A. CHT-5 试块 B 区 5 号横孔反射波
   B. GHT-5 试块 C 区 2 号竖孔
   C. GHT-5 试块 A 区 7 号横孔
   D. 以上全部
2. 1 个轨底角需进行（　　）次扫查，焊缝两侧的 4 个轨底角共扫查（　　）次。
   A. 3；12　　B. 4；16　　C. 5；20　　D. 6；24
3. 焊缝轨底大伤损定量应采用（　　）。
   A. 当量法　　B. 6 dB 法
   C. 回波移动距离估算法　　D. DAC 曲线判断法
4. 焊缝轨底小伤损定量应采用（　　）。
   A. 当量法　　B. 6 dB 法
   C. 回波移动距离估算法　　D. DAC 曲线判断法

# 随堂小测参考答案

### 实训项目 1

1. D　2. C　3. A　4. B

### 实训项目 2

1. A　2. B　3. A　4. C　5. C　6. B

### 实训项目 3

1. C　2. A　3. B　4. D

### 实训项目 4

1. C　2. A　3. B　4. C　5. B　6. C

### 实训项目 5

1. B　2. A　3. B　4. A

### 实训项目 6

1. A　2. D　3. C　4. A

### 实训项目 7

1. C　2. D　3. D　4. C

### 实训项目 8

1. A　2. A　3. B　4. C

### 实训项目 9

1. D　2. A　3. A

### 实训项目 10

1. B　2. C　3. A　4. D

### 实训项目 11

1. B　2. C　3. D　4. B　5. B

### 实训项目 12

1. A　2. B　3. A　4. C　5. A　6. D　7. D　8. B　9. A　10. B

### 实训项目 13

1. A　2. A　3. C　4. C　5. B　6. B　7. D　8. D

### 实训项目 14

1. A　2. B　3. D　4. A　5. B　6. A　7. B　8. D　9. C　10. B　11. B

12. C　13. A　14. A　15. D

### 实训项目 15

1. B　2. A　3. B　4. B

### 实训项目 16

1. D　2. B　3. B　4. C

### 实训项目 17

1. A　2. D　3. B　4. C

### 实训项目 18

1. A　2. C　3. D　4. A

### 实训项目 19

1. A　2. B　3. A　4. C

### 实训项目 20

1. D　2. B　3. D　4. B

### 实训项目 21

1. C　2. A　3. C　4. B

### 实训项目 22

1. D　2. B　3. A　4. B

### 实训项目 23

1. C　2. D　3. B　4. C

### 实训项目 24

1. B　2. D　3. B　4. D

# 参考文献


[1] 马占生. 无损检测之钢轨探伤[M]. 成都：西南交通大学出版社，2019.

[2] 马跃平. 铁路探伤工（钢轨探伤）[M]. 北京：中国铁道出版社，2017.

[3] 张红梅，岳国军. 钢轨探伤[M]. 2 版. 北京：中国铁道出版社，2022.

[4] 何学科. 钢轨探伤[M]. 2 版. 北京：中国铁道出版社，2019.

[5] 陈春生. 钢轨探伤史话[M]. 北京：中国铁道出版社，2013.

[6] 铁道部人才服务中心. 钢轨探伤工[M]. 北京：中国铁道出版社，2011.

[7] 何学科. 钢轨探伤工[M]. 北京：中国铁道出版社，2009.